Hermann Schulze-Berndt

Wenn die Kirche Stellung nimmt

Hermann Schulze-Berndt

Wenn die Kirche Stellung nimmt

Absichten
Erfahrungen
Beispiele

echter

CIP-Titelaufnahme der Deutschen Bibliothek

Schulze-Berndt, Hermann:
Wenn die Kirche Stellung nimmt : Absichten, Erfahrungen, Beispiele / Hermann Schulze-Berndt. – Würzburg : Echter, 1990
ISBN 3-429-01280-5

Mitglied der Verlagsgruppe »engagement«

Umschlag: Ernst Loew
Gesamtherstellung: Echter Würzburg
Fränkische Gesellschaftsdruckerei und Verlag GmbH
ISBN 3-429-01280-5

Inhalt

Vorwort

In unserer Gesellschaft gab es und gibt es immer wieder Themen, die umstritten sind. Dann bedarf die private und öffentliche Meinungsbildung hilfreicher Orientierungen und Wegweisungen. In diesem Zusammenhang erhebt sich oft auch die Frage: »Was sagt die Kirche dazu?« Hierauf will dieses Buch eine Antwort versuchen.

Im ersten Teil des Buches (1.–7. Kapitel) werden Erfahrungen mit kirchlichen Äußerungen sowie Absichten und Bedeutung derselben erläutert. Diese Ausführungen haben eher den Charakter einer erklärenden Einordnung und erheben nicht den Anspruch einer dogmatischen Abhandlung, die sämtliche Einzelheiten nach allen Seiten hin auslotet. Dadurch wäre der Rahmen dieses Buches gesprengt worden, und die Übersichtlichkeit hätte gelitten.

Im zweiten Teil dieses Buches (Kapitel 8) sind einige kirchliche Stellungnahmen zu kontroversen Themen der Zeit auszugsweise abgedruckt. Die Themenpalette reicht von der Immunschwäche AIDS über die Gen-Technik bis hin zum Umweltschutz. Bei den Texten handelt es sich nicht um unumstößliche Dogmen, sondern um Verlautbarungen, die zum Nachdenken anregen und das Gewissen schärfen sollen. Mit Absicht wurden sehr verschiedene literarische Genera ausgewählt. Der Leser findet Briefe, Predigtauszüge, Texte aus Enzykliken und anderen vatikanischen Lehrschreiben. Er entdeckt Zeitungsartikel, bischöfliche Erklärungen und ein Interview. Dadurch wird die tatsächliche Vielfalt kirchlicher Stellungnahmen widergespiegelt.

Mein besonderer Dank gilt Herrn Manfred Kuhl, Archivar und Bibliotheksleiter, der mit wertvollen Hinweisen, insbesondere bei der Gestaltung des Text- und Dokumententeils im 8. Kapitel, maßgeblich an der Fertigstellung des Buches beteiligt war.

Hermann Schulze-Berndt

Was du auf Erden binden wirst

Da sagte Jesus zu ihnen: »Ihr aber, für wen haltet ihr mich?« Simon Petrus antwortete: »Du bist der Messias, der Sohn des lebendigen Gottes.«
Jesus sagte zu ihm: »Selig bist du, Simon Barjona; denn nicht Fleisch und Blut haben dir das geoffenbart, sondern mein Vater im Himmel. Ich aber sage dir: Du bist Petrus, und auf diesen Felsen werde ich meine Kirche bauen. Und die Mächte der Unterwelt werden sie nicht überwältigen. Ich werde dir die Schlüssel des Himmelreichs geben; was du auf Erden binden wirst, das wird auch im Himmel gebunden sein, und was du auf Erden lösen wirst, das wird auch im Himmel gelöst sein.«

Matthäusevangelium 16, 15–19

1. Erfahrungen mit Äußerungen der Kirche

Menschen sind verschieden. Auch die Erfahrungen, die sie machen, sind unterschiedlich. Deshalb können die Erfahrungen, die Menschen mit den schriftlichen und mündlichen Äußerungen der großen Kirchen machen, ebenfalls recht unterschiedlich sein. Der eine nimmt zum Beispiel ein bischöfliches Wort anders auf als der andere. Viel hängt von der Situation ab, in der ein einzelner gerade steckt, oder von der Erziehung, die er genossen hat, oder von dem Beruf, den er ausübt. Lassen wir ein paar Erfahrungen zu Wort kommen:

»Also, was der Papst da neulich wieder im Fernsehen von sich gegeben hat, war in meinen Augen absolut weltfremd. Er hat was gegen die Pille oder gegen Kondome, aber die Bevölkerungsexplosion nimmt weiter zu.« (Ursula M., 16 Jahre)

»Vor ein paar Tagen hatte ich ein wirklich tolles Gespräch mit unserem Pastor. Ich hatte ein Problem, und sein Verständnis und sein Rat haben mir weitergeholfen.«
(Karin S., 29 Jahre)

»Meine Frau hat mir zu Weihnachten den neuen Erwachsenenkatechismus geschenkt. Klasse, hab' ich gedacht, darin find' ich bestimmt Antworten auf meine Glaubensfragen. Aber als ich dann in dem Buch las, war ich doch ein wenig enttäuscht. Das war alles so schwierig geschrieben, daß ich kaum etwas verstand. Warum kann die Kirche sich nicht so ausdrücken, daß jeder kapiert, was gemeint ist?«
(Heinz G., 36 Jahre)

»Von mir aus können die Typen von der Kirche ruhig ihre frommen Sprüche klopfen, von Jesus und Liebe und so ... Im wirklichen Leben kann man sowieso nichts damit anfangen. Da zählt doch nur, wer die power hat, wer sich durchboxen kann.« (Bernhard M., 18 Jahre)

Diese vier Äußerungen sind recht verschieden. Jede Aussage läßt eine andere Erfahrung durchschimmern. Es ist keineswegs so, daß die vier Stellungnahmen allgemeingültig sind und auf alle Menschen übertragen werden können. Nein, sie entsprechen zunächst einmal »nur« Erfahrungen und Meinungen einzelner Menschen. Und als solche verdienen sie es durchaus, ernstgenommen zu werden.
Im ersten Text wird die päpstliche Ablehnung künstlicher Verhütungsmittel in einen Zusammenhang mit der Überbevölkerung gebracht, und zwar so ähnlich, wie es der Sänger Udo Jürgens vor einiger Zeit in seinem Lied »Gehet hin und vermehret euch« gemacht hat. Aber der Sprecher oder die Sprecherin leidet (ähnlich wie Udo Jürgens) an einem Mangel an Kenntnissen. Denn der Papst befürwortet keineswegs eine grenzenlose Bevölkerungsentwicklung. Er tritt durchaus für eine verantwortete Familienplanung ein. Als Methoden lehnt er freilich künstliche Mittel ab, weil dies nicht der Natur entspricht; statt dessen empfiehlt der Papst einerseits den Weg der „Natürlichen Familienplanung« (NFP), und andererseits schlägt er Ehepaaren zeitweilige Enthaltsamkeit beim Geschlechtsverkehr vor. Man mag zwar Einwände gegen diese Auffassung zur Methode der Familienplanung erheben können (und auch dürfen, denn die päpstlichen Erklärungen und Äußerungen zu diesem Thema sind keine Dogmen), aber man sollte um der Redlichkeit willen auch beachten, daß der Papst kein Befürworter der Bevölkerungsexplosion ist. In unserem Zusammenhang bedeutet das, daß der einzelne gegebenenfalls seine vorläufigen Erfahrungen mit kirchlichen Äußerungen und Stellungnahmen ergänzt, das heißt um neue Informationen bereichert und dadurch seine persönliche Ansicht unter Umständen korrigiert.
Der zweite Text legt von einer erfreulichen Erfahrung Zeugnis ab. Jemand hat ein wohltuendes Gespräch mit einem Vertreter der Kirche geführt und dabei Hilfen für sein Leben bekommen. In dieser Unterredung wurden also Orientierungen der Kirche mündlich so vermittelt, daß sie einem Menschen weiterhalfen, ihm gut taten. Keine Frage, es wäre gut, wenn unsere Erfahrungen mit kirchlichen Äußerungen immer so aufbauend, immer so ermutigend wären.

Der dritte Text bringt etwas zum Ausdruck, was leider bei der Begegnung mit Dokumenten der Kirche immer wieder geschieht: Menschen erfahren bei offiziellen Verlautbarungen und amtlichen Veröffentlichungen, daß sie die Sprache, die ihnen da begegnet, nicht verstehen. Es krankt in der Kirche oft daran, daß die religiöse Ausdrucksweise allzu vielen Zeitgenossen unverständlich bleibt.
Im vierten Statement wird die Lebenstauglichkeit der kirchlichen Lehre bestritten. Dieser Infragestellung liegt allerdings ein fragwürdiges Verständnis des Lebens zugrunde, nämlich der Glaube an das Recht des Stärkeren. Eben weil zu viele Menschen dieses vermeintliche Recht beanspruchen, gibt es so viel Rücksichtslosigkeit und Lieblosigkeit auf der Welt. Und die großen Probleme, wie z. B. die Umweltverschmutzung oder das Wettrüsten, haben dort ihren Ursprung. Insofern liegt hier ein Beispiel vor, das zeigt, wie eine verkehrte Einstellung zum Dasein auch die Beziehung zum Christentum so trüben kann, daß echte Glaubenserfahrungen in hohem Maße erschwert werden.
Damit sind wir bei einem Gesichtspunkt angelangt, der für die Beurteilung von Erfahrungsäußerungen von großer Wichtigkeit ist: Was steckt hinter einer Aussage, in der von einer Erfahrung gesprochen wird? Welche Grundeinstellung tritt zutage? Welche Aussageabsicht liegt vor? Damit will ich darauf aufmerksam machen, daß nicht alle negativen Berichte auf wirklichen Erfahrungen beruhen, sondern in übernommenen Vorurteilen oder in Klischees wurzeln können. Ebenso ist es möglich, daß Äußerungen der Kirche einem viel abverlangen und dadurch die eigene Bequemlichkeit stören. Um zu vertuschen, daß man sich aus eben dieser Lauheit nicht herausreißen lassen will, schiebt man dann nach außen unausgegorene Meinungen über die Kirche vor. Auf der anderen Seite darf die kirchliche Obrigkeit nicht den Fehler begehen, *alle* negativen Erfahrungsberichte mit dem Hinweis vom Tisch zu wischen, darin kämen ja doch nur irgendwelche Vorurteile zum Ausdruck. Eine begründete Kritik sollte jeder allemal ernst nehmen. *Echte* Schwierigkeiten und Zweifel verdienen stets Aufmerksamkeit.

2. Fragen an kirchliche Verlautbarungen

Um die Verbindlichkeit einer kirchlichen Aussage zu prüfen und zu beurteilen, kann der Leser oder Hörer mehrere gezielte Fragen an sie stellen:

- *Wer* sagt etwas? *Wer* kommt zu Wort? *Welches Amt* übt er oder sie aus? In der katholischen Kirche gibt es eine Rangfolge der Stimmen. Sie reicht vom Papst an der Spitze über die Kongregationen als Organe des Papstes und die nationalen bzw. regionalen Bischofskonferenzen bis hin zu den einzelnen Bischöfen und schließlich zu den Priestern, die im Dienst der Verkündigung stehen.
- *In welcher Funktion* meldet sich jemand zu Wort? Es ist nämlich keineswegs unerheblich, ob der Sprecher mehr oder weniger als Privatperson seine Meinung kundtut oder gleichsam offiziell zu etwas Stellung nimmt, ob er »nur« einen Teil oder eine Gruppe in der Kirche vertritt oder für die ganze Kirche sprechen kann.
- *Was* wird gesagt? Das Thema ist wichtig. Schließlich kann eine Aussage über Jesus nicht mit einer Verordnung über die Reinhaltung bestimmter kirchlicher Gebäude verglichen werden. Stellungnahmen zu bedeutsamen Fragen der Glaubens- und Sittenlehre haben selbstverständlich Vorrang vor verhältnismäßig unbedeutenden Auskünften zu Verwaltungs- oder Verfahrensfragen.
- *Wie* spricht die Kirche? *In welcher Form* tut sie es? Art und Herkunft einer Verlautbarung geben Aufschlüsse über ihre Gültigkeit. Es gibt eine »Hierarchie« in den Äußerungen der Kirche. Am wichtigsten sind die päpstlichen Verlautbarungen und die Konstitutionen und Dekrete eines Konzils. Der Heilige Vater hält auf seinen Reisen oder bei besonderen Anlässen (z. B. Generalaudienzen in Rom) Predigten und Ansprachen. In schriftlichen oder mündlichen Botschaften äußert er sich zu bestimmten Gelegenheiten. Er richtet Apostolische Schreiben an bestimmte Gruppen, Einzelpersonen oder die Gesamtkirche (z. B. nach einer Bischofssynode).

Enzykliken[1] schließlich sind päpstliche Rundschreiben, in denen sich der Bischof von Rom lehramtlich an die ganze Kirche wendet. In der Rangfolge der Verlautbarungen folgen dann die Schreiben und Dekrete der vatikanischen Kongregationen. Ihr Inhalt betrifft theologische oder rechtliche Fragen oder besteht aus Ausführungsbestimmungen.
Auf der dritten Stufe – von oben her gesehen – befinden sich die Veröffentlichungen der Bischofskonferenzen, also Stellungnahmen, Hirtenbriefe, Erklärungen oder Umsetzungserläuterungen (mit römischer Zustimmung). Möglich ist auch, daß sich der Vorsitzende der Deutschen Bischofskonferenz in genau dieser Funktion zu Wort meldet und im Namen aller Bischöfe spricht.
Gewissermaßen die vierte Sprosse von oben belegen die Hirtenbriefe der einzelnen Bischöfe für ihre Diözesen.
Die unterste Stufe in der »Hierarchie« der Verlautbarungen nehmen die Predigten, also die Verkündigung des jeweiligen Priesters vor Ort, ein.

- *Warum* nimmt die Kirche Stellung? Was sind ihre Ziele, wenn sie sich äußert? Der Zweck einer Aussage entscheidet mit, wenn es um die Verbindlichkeit geht. Es ist ein Unterschied, ob der Papst mit einem ausgefeilten Lehrschreiben die weltweite Christenheit über ein zentrales Glaubensthema informieren will oder ob er auf dem Flug zu einem seiner Reiseziele irgendeinem Journalisten mehr oder weniger beiläufig Auskunft zu einer speziellen Frage geben will.
- *Zu wem* spricht die Kirche? *Wer* ist die Zielgruppe? Nicht alle Erklärungen wenden sich an sämtliche Gläubige. Manchmal sind nur die Bischöfe angesprochen, manchmal nur die Priester. Der eigentliche Empfängerkreis ist also gleichfalls mit ein Maßstab bei der Beurteilung der Verbindlichkeit kirchlicher Aussagen.

[1] Vgl. Anhang, S. 131

3. Das kirchliche Lehramt

3.1 *Was ist überhaupt »die« Kirche?*

Wenn in der Öffentlichkeit von *»der«* Kirche die Rede ist, weiß man manchmal nicht genau, *wer* damit gemeint ist. Allzu undeutlich und pauschal klingen mitunter die Äußerungen zur Kirche. Wenn man so will, ist die Kirche zuallererst die verbindliche Gemeinschaft derer, die an Christus glauben. Durch Taufe und Firmung werden wir Mitglieder dieser Gemeinschaft. Wir alle sind also »die« Kirche, nicht nur die Amtsträger. Das kirchliche Gesetzbuch, der »Codex Iuris Canonici«, hebt audrücklich hervor: »Unter allen Gläubigen besteht, und zwar aufgrund ihrer Wiedergeburt in Christus, eine wahre Gleichheit in ihrer Würde und Tätigkeit, kraft der alle je nach ihrer eigenen Stellung und Aufgabe am Aufbau des Leibes Christi mitwirken« (CIC can. 208).
Das alte Bild von der Kirche als »Leib Christi« geht auf den Apostel Paulus zurück (vgl. 1 Kor 12). Es gebe zwar viele Glieder, so Paulus, »und doch nur einen Leib« (1 Kor 12,20). In ihn sind wir durch die Taufe aufgenommen.
Das Zweite Vatikanische Konzil bezeichnet die Kirche als »Volk Gottes« und betont die Sakramentalität der ganzen Kirche. Im ersten Abschnitt der Kirchenkonstitution »Lumen gentium« heißt es: »Die Kirche ist ja in Christus gleichsam das Sakrament, das heißt Zeichen und Werkzeug für die innigste Vereinigung mit Gott wie für die Einheit der ganzen Menschen.«
Wenn im folgenden von »Kirche« die Rede ist, geht es um die römisch-katholische Kirche. In ihr wiederum haben der Papst und die Bischöfe die geistliche Leitung inne. Darum sind nicht selten nur sie gemeint, wenn von der Kirche gesprochen wird. Besser wäre es deshalb, in diesen Fällen von »Amtskirche« oder »Lehramt« zu reden.

3.2 *Was ist das kirchliche Lehramt?*

Wenn kirchliche Aussagen verbindlich sein sollen, müssen sie im Grunde vom kirchlichen Lehramt[2] getragen werden, müssen sie einen offiziellen Charakter haben. Das kirchliche Lehramt ist die Befähigung, in gültiger Weise Aussagen zu Fragen der Glaubens- und Sittenlehre zu machen.

Die *allgemeine* Befähigung dazu hat eigentlich jeder Christ, denn wir alle sind durch Taufe und Firmung berufen, vom Glauben Zeugnis abzulegen. Der Auftrag Jesu, zu allen Völkern und Menschen zu gehen und sie zur Jüngerschaft und zur Nachfolge einzuladen (vgl. Mt 28, 19 f.), gilt sämtlichen Gläubigen, nicht nur den Priestern oder Lehrern. Das Zweite Vatikanische Konzil hat in diesem Zusammenhang das gemeinsame Priestertum aller Gläubigen bekräftigt und hervorgehoben, daß auch die Laien[3] an der Sendung der Kirche teilhaben.

Die *besondere* Befähigung zur Lehre obliegt den Priestern aufgrund ihrer Weihe. Unter ihnen wiederum nehmen die Bischöfe und der Papst herausragende Stellungen ein. Sie sind als Nachfolger des Petrus (Papst) bzw. der Apostel (Bischöfe) kollegial untereinander verbunden. Dem Papst als oberstem Hirten der katholischen Kirche gebührt ein gewisser Vorrang. Das kirchliche Gesetzbuch spricht ausdrücklich davon, daß »gegen ein Urteil oder ein Dekret des Papstes ... weder Berufung noch Beschwerde« möglich sind (CIC can. 333, § 3). Beschlüsse weltweiter (ökumenischer) Konzilien, so der Codex, »haben Rechtsverbindlichkeit nur, wenn sie zusammen mit den Konzilsvätern vom Papst genehmigt, von diesem bestätigt und auf seine Anordnung hin promulgiert«, d. h. öffentlich bekanntgemacht worden sind (CIC can. 341, § 1).

Bei der Befähigung von Papst und Bischöfen unterscheidet man das ordentliche vom außerordentlichen Lehramt. Zum *ordentlichen Lehramt* gehören gewöhnliche Verlautbarungen wie zum Beispiel Predigten, Katechismen oder Hirtenbriefe der Bischöfe. Zum *außerordentlichen Lehramt* zählen dogmatische Bestimmungen eines weltweiten (ökumenischen) Konzils oder des Papstes, die er »ex cathedra«, das heißt feierlich

[2] Vgl. Anhang S. 134
[3] Vgl. Anhang S. 137

und ausdrücklich – sozusagen vom Lehrstuhl aus – als solche kundtut. Bei diesen Dogmen geht es um ganz wichtige Fragen des Glaubens, zum Beispiel zur Gotteslehre oder zur Bedeutung Mariens. Sie werden nur selten formuliert. Das letzte päpstliche Dogma stammt aus dem Jahr 1950, als Papst Pius XII. die leibliche Aufnahme Mariens in den Himmel dogmatisch definierte. Die Dogmen sind absolut verbindlich. Ihnen schulden die Gläubigen deshalb Gehorsam.
Mit den Verlautbarungen des ordentlichen Lehramts sieht das anders aus. Sie verdienen zwar auch Respekt und Aufmerksamkeit, aber nicht unbedingt Zustimmung, wenn schwerwiegende Gewissensgründe davon abraten. Im kirchlichen Gesetzbuch heißt es: »Nicht Glaubenszustimmung, wohl aber religiöser Verstandes- und Willensgehorsam ist einer Lehre entgegenzubringen, die der Papst oder das Bischofskollegium in Glaubens- oder Sittenfragen verkündigen, wann immer sie ihr authentisches Lehramt ausüben, auch wenn sie diese Lehre nicht definitiv als verpflichtend zu verkünden beabsichtigen« (CIC can. 752). Der Spielraum ist – aus kirchenrechtlicher Sicht – allerdings eng. Denn der Codex sagt auch: »Kraft göttlichen und katholischen Glaubens ist all das zu glauben, was im geschriebenen oder im überlieferten Wort Gottes als dem einen der Kirche anvertrauten Glaubensgut enthalten ist und zugleich als von Gott geoffenbart vorgelegt wird, sei es vom feierlichen Lehramt der Kirche, sei es von ihrem ordentlichen und allgemeinen Lehramt« (CIC can. 750). Die vom Codex formulierte Verpflichtung ist jedoch nicht mit einem Zwang zu verwechseln. Die Gewissensfreiheit wird nicht angetastet. Darum heißt es auch: »Niemand hat jemals das Recht, Menschen zur Annahme des katholischen Glaubens gegen ihr Gewissen durch Zwang zu bewegen« (CIC can. 748, § 2).

3.3 *Bibel und Dogma*

Die Bibel gilt unter Christen als Quelle der Offenbarung. Wir glauben, daß in ihr Gottes Wort in menschlicher Sprache zum Ausdruck kommt. Aufgabe des Lehramts ist es, die biblischen Texte verbindlich auszulegen und zu erklären. Die Heilige Schrift ist ja kein Rezeptbuch mit detaillierten Gebrauchsanweisungen. Sie muß in jeder Zeit immer wieder neu gedeutet werden. Und da sich in der Auslegung der Heiligen Schrift und der mündlichen Überlieferung (Tradition) und der damit verbundenen einen oder anderen Glaubensfrage im Laufe der Geschichte hin und wieder verschiedene, manchmal geradezu gegensätzliche Deutungen und denkerische Weiterentwicklungen ergaben, erhob sich die Notwendigkeit, um der Einheit des Glaubens willen strittige Themen, die von besonderer Bedeutung für das Glaubensgut (aus Schrift und Tradition) waren, ein für allemal theologisch zu klären. Deswegen kam es schon sehr früh zu Versammlungen der Weltkirche, zu Konzilien, die in Streit- und Auslegungsfragen nach eingehender Beratung feste Glaubenssätze formulierten, an die dann jeder zu glauben hatte. Abweichende Meinungen waren nicht mehr rechtgläubig. Nicht nur Konzilien der Bischöfe verabschiedeten solche klärenden Worte, auch die Päpste fühlten sich später von ihrem Amtsverständnis als oberstem Hüter des Glaubens her (als Lehramt) gelegentlich dazu herausgefordert. Man nennt diese Glaubenssätze »Dogmen«. Dabei handelt es sich also um konziliare oder päpstliche Definitionen wichtiger Glaubensfragen, denen jeder Katholik Gehorsam schuldet. Sie sollen schriftlich eindeutig festhalten, was vorher meist nur mündlich oder im Laufe der Zeit mißverständlich oder unvollständig überliefert wurde, oder verbindlich abgrenzen, was in der einen oder anderen Frage richtig oder falsch ist.

Will der einzelne Gläubige diese Dogmen vollständig verstehen, kommt er dementsprechend nicht umhin, ihre jeweilige Vorgeschichte, ihren »Sitz im Leben« der Kirche zu erforschen. Die Theologie tut dies vor allem in den Fächern Kirchengeschichte und Dogmatik. Ihre Aufgabe ist es, den Menschen jeder Zeit neu zu vermitteln, was die Dogmen als gelebtes Glaubensgut bedeuten, wie es zu dieser Definition wann kam und warum es gut tut, sie zu befolgen. Geschieht dies in angemessener Weise, besteht kaum Gefahr, daß Dogmen als unverständliche Fremdkörper oder abgedroschene Worthülsen von den Gläubigen als unnötige Lasten empfunden und innerlich sogar abgelehnt werden.

3.4 *Wozu gibt es das kirchliche Lehramt?*

Das kirchliche Lehramt ist kein Selbstzweck. Es ist nicht einfach nur zum Spaß da, sondern weil es sinnvolle und unverzichtbare Aufgaben erfüllt. Die Kirche ist eine Gemeinschaft vieler Menschen. Wo zahlreiche Personen zusammenkommen, ertönen oft verschiedene Stimmen, unterschiedliche Meinungen. In Glaubensfragen ist es nur begrenzt erträglich und vertretbar, daß Lehrmeinungen auseinandergehen. Dafür sind die Themen zu wichtig. Sie sind nicht beliebig. Es ist nicht egal, wie Jesus oder Gott überhaupt zu deuten ist. Daher sind verbindliche Klärungen notwendig. Es muß eine Instanz geben, die am Ende sagt, »wo's langgeht«. Daß dabei nicht das Mittel der Abstimmung des demokratischen Mehrheitsbildungsprozesses, sondern der päpstlichen Entschließung im Vordergrund steht, ist sicher verständlich. Denn über absolute Wahrheiten kann nicht abgestimmt werden. Sie sind nur mit Unterstützung des Heiligen Geistes zugänglich.

Jesus hat zu Lebzeiten zwar vieles verkündet und erklärt, aber er hat keine zusammenhängende Lehre vorgetragen oder sie autorisiert schriftlich hinterlassen. Das hätte es uns zu einfach gemacht. Weil die Verkündigung Jesu (und nachfolgend der Apostel, niedergelegt in den Evangelien, in ihren zahlreichen Briefen) hier und da offene Fragen hinterlassen hat, weil es beim Nachdenken und Reden über die Lehre Jesu und die Verkündigung der Apostel Unklarheiten und Meinungsverschiedenheiten gab und gibt, ist eine verbindliche Auslegung und Deutung erforderlich, damit es nicht fortwährend zu Streit und Unsicherheit in der Kirche kommt. Auch dies ist ein Grund, warum es das kirchliche Lehramt gibt.

Die Bischöfe und der Papst haben darüber hinaus die Aufgabe, die Lehren der Theologen zu prüfen und darüber zu wachen, ob die Reinheit des Glaubens gewahrt bleibt. Einen gewissen Spielraum müssen sie freilich gewähren, damit die Auslegung der Überlieferung genügend Beweglichkeit behält. Prüfung ist nicht Gängelung. Hin und wieder kommt es vor, daß Universitätsprofessoren die kirchliche Lehrerlaubnis entzogen wird, wenn ihre Vorlesungen, ihre Bücher oder ihr Lebenswandel in grober Weise gegen die Glaubens- und Sittenlehre verstoßen. Nicht immer gibt es für solche Schritte der Hierarchie Verständnis in der Öffentlichkeit, nicht immer müssen diese Schritte sachlich angemessen sein.

3.5 *Zur Frage der Unfehlbarkeit des Lehramtes*

Unter bestimmten Voraussetzungen gelten die dogmatischen Entscheidungen des Lehramts als unfehlbar. Das heißt: Man glaubt fest daran, daß sie frei von Irrtümern sind. Die Unfehlbarkeit betrifft vor allem die Erklärungen des *außerordentlichen* Lehramts, tritt also nur selten in Kraft. Keineswegs richtig ist die Behauptung, alles, was ein Papst sage und tue, sei unfehlbar. Auch ein Papst kann sich irren, solange er nicht »ex cathedra« spricht. Die Kirchengeschichte hat gezeigt, daß solche Irrtümer vorkommen können.
Wenn ein Konzil oder ein Papst feierlich und ausdrücklich ein Dogma formuliert, d. h. »eine Glaubens- oder Sittenlehre definitiv als verpflichtend verkündet« (CIC can. 749), dann wird davon ausgegangen, daß nach menschlichem Ermessen aller Wahrscheinlichkeit nach der Heilige Geist wirksam ist. Und dieser kann sich eben nicht irren. Darum sind die Entscheidungen, die mit seinem Beistand zustande gekommen sind, irrtumsfrei, also unfehlbar.
Die bisherigen Dogmen haben sich im nachhinein tatsächlich als richtig erwiesen. Die Konzilien fanden meistens die theologisch beste Lösung in dogmatischen Streitfällen. Insofern ist der Anspruch der Unfehlbarkeit keine überhebliche Anmaßung, sondern so etwas wie eine geistliche Erfahrung.

3.6 *Darf Kritik am Lehramt sein?*

Das *ordentliche* Lehramt der Kirche ist nicht frei von Irrtümern. Auch Päpste und Bischöfe sind Sünder und daher unvollkommen. Darum darf man sie kritisieren, wenn berechtigter Anlaß dazu besteht. Das gilt erst recht, wenn die Oberhirten sich als Privatpersonen und nicht als offizielle Amtsinhaber äußern. Eine Kritik sollte allerdings – wie übrigens immer – frei von Spott und Häme sein; sie sollte menschlich anständig bleiben. Sie sollte nicht unüberlegt erfolgen, sondern nach reiflichem Nachdenken und aus Liebe zur Kirche. Auf der anderen Seite sollten die Amtsvertreter legitime Anfragen ernst nehmen und nicht leichtfertig vom Tisch fegen. Vor einiger Zeit hat ein Theologe sogar gefordert, das offizielle Lehramt benötige mehr Bußfertigkeit, solle also bereit und fähig sein, falsche Wege zu verlassen und den richtigen Kurs einzuschlagen, wenn es angebracht sei.

3.7 *Verschiedene Kirchen – verschiedene Lehren?*

Bisher war ausschließlich von der katholischen Kirche die Rede. Daß es daneben noch andere Kirchen gibt, die organisatorisch und zum Teil auch theologisch ihren jeweils eigenen Weg gehen, ist hinlänglich bekannt. Die Trennung der Christen in verschiedene Konfessionen ist ein Ärgernis, weil sie das Zeugnis für die Einheit erschwert. Die Kirchenspaltung hat viele Gründe. Es würde hier zu weit führen, darauf im einzelnen einzugehen. Um so erfreulicher sind die Bemühungen im 20. Jahrhundert, eine Annäherung und Versöhnung zu erreichen. Wir kennen dafür das Stichwort »Ökumene«. Da die getrennten Kirchen in Lehrfragen hier und da verschiedener Meinung sind, kann es noch kein gemeinsames Lehramt geben. Doch da die Gemeinsamkeiten zwischen Protestanten und Katholiken überwiegen, können wenigstens sie in der Verkündigung hervorgehoben werden. Auf einigen Feldern ist es nach ausführlichen theologischen Erörterungen über gemeinsames Glaubensgut zur schrittweisen Annäherung und zu einem gemeinsamen Vorgehen der Kirchen gekommen, beispielsweise in der Bewegung für Frieden, Gerechtigkeit und Bewahrung der Schöpfung. Dabei sind Dokumente und Erklärungen entstanden, die der Welt Bemerkenswertes zu sagen haben. Auf diesem Weg der gemeinsamen Bewältigung drängender Sachfragen, die alle Christen für die Zukunft herausfordern, gilt es weiterzugehen.

4. Ziele und Aufgaben kirchlicher Aussagen

Wenn sich die Leitung der Kirche öffentlich zu Wort meldet, dann tut sie das nicht einfach so. Sie verfolgt eine bestimmte Absicht, manchmal sogar mehrere Ziele auf einmal. Wenn man kirchliche Aussagen prüft und beurteilt, kommt man deshalb nicht umhin, diese Absichten mit zu bedenken. Denn davon hängt ab, wie verbindlich eine Verlautbarung gemeint ist. Kennt man die Ziele, hat man im übrigen auch mehr Verständnis für das, was die Kirche sagen will.
Die Kirche ist in der Welt kein Selbstzweck, sondern sie soll den Menschen dienen, indem sie ihnen zu leben hilft und sich bemüht, Beziehungen und Zustände, die nicht in Ordnung sind, im Sinne Jesu zu heilen. Die Kirche soll ein Zeichen dafür sein, daß Gott es gut mit den Menschen meint. Dies muß selbstverständlich auch in den Stellungnahmen deutlich werden, welche die Kirchenleitung abgibt.
Hauptaufgabe aller kirchlichen Äußerungen ist also die Verkündigung eines heilsamen Glaubens. Im einzelnen lassen sich folgende Teilaufgaben unterscheiden:

4.1 *Information*

Ein denkbares Ziel ist die sachliche Information. Die Kirche will und soll über das in Kenntnis setzen, was sie tut und was sie glaubt. Die Antwort darauf besteht zunächst darin, daß der einzelne dies zur Kenntnis nimmt, sich damit beschäftigt.

4.2 *Einladung zum Gespräch bzw. Erwiderung im Dialog*

Eine andere Absicht kann darin bestehen, daß die Kirche andere gesellschaftlichen Gruppen und überhaupt alle interessierten Menschen einladen will, mit ihr ins Gespräch zu kommen, in einen Meinungs- und Erfahrungsaustausch einzutreten. Möglich ist auch, daß bereits eine öffentliche Diskussion zu einem bestimmten Thema im Gang ist und die Kirche mit einer Äußerung reagiert und auf etwas erwidert, was eine andere Person oder Einrichtung gesagt hat.

4.3 *Kundgabe der eigenen Meinung*

Mit der Einladung bzw. Teilnahme an öffentlichen Debatten hängt ein weiteres Ziel zusammen: Die Kirche will ihre Meinung dazu äußern. Sie will sagen, was sie von bestimmten Einstellungen oder Vorgängen hält, wie sie das eine oder andere Ereignis bewertet, vor allem wenn dies Geschehnis grundsätzliche Fragen des Lebens berührt. In einer freiheitlich-demokratischen Gesellschaft kann sich die Kirche problemlos zu Wort melden und den Finger z. B. auf schwelende Konflikte legen. In Diktaturen ist sie dagegen oft die einzige Stimme, die für die Rechte der Unterdrückten Partei ergreifen kann. Wer demgegenüber vorwurfsvoll beklagt, kirchliche Vertreter mischten sich zu Unrecht in politische oder private Angelegenheiten, übersieht, daß auch der Kirche die Möglichkeit zur freien Meinungsäußerung zusteht. Natürlich hat solch eine Stellungnahme keinen dogmatischen Charakter. Es können also umgekehrt anderslautende Auffassungen geäußert werden. Urteilt einer als Katholik anders als die eigene Kirchenleitung, sollte er dies freilich erst nach sorgfältiger Prüfung kundtun, um Mißverständnisse oder Vorurteile zu vermeiden.

4.4 *Beeinflussung menschlicher Einstellungen und Verhaltensweisen*

Oftmals will das kirchliche Lehramt nicht nur die eigene, vom Glauben her geprägte Meinung zum Ausdruck bringen, es will damit auch Einstellungen und Verhaltensweisen derjenigen Menschen, die ihm zuhören, beeinflussen und prägen. Es will, daß Änderungen zum Guten hin geschehen. Dabei sind die Botschaft der Bibel und die Überlieferung der Kirche die Maßstäbe schlechthin. Es ist nicht das Ziel der Kirche, den Menschen durch viele Gebote und Vorschriften erdrükkende Lasten aufzuerlegen, sondern ihnen zu helfen, daß ihr Leben gelingt. Ob die Menschen von heute dieses Angebot annehmen, das steht auf einem anderen Blatt. Jeder Mensch ist frei, sein Leben religiös zu gestalten oder nicht.

4.5 *Geistliche und sittliche Wegweisung*

In unserer komplizierten Welt, in der viel Neues und Verwirrendes auf uns zukommt, fragen etliche Menschen nach Orientierungen, die ihnen das Zurechtfinden erleichtern. Hier sieht die Kirche eine ihrer wichtigsten Aufgaben zur Zeit. Es geht ihr darum, geistliche und sittliche Wegweisungen zu geben, nach denen sich der einzelne Gläubige richten kann. Nur so sind manche Aussagen zu deuten, die sie in der Öffentlichkeit macht.

5. Anforderungen an kirchliches Reden

Es ist nicht egal, *wie* die Kirche sich äußert. Sie muß gewissen Anforderungen entsprechen, sofern sie ernst genommen werden will. Deshalb ist es ratsam, derartige Voraussetzungen zu benennen, welche die Kirche erfüllen sollte.

5.1 *Wichtigkeit*

Die Kirche braucht nicht zu allem Stellung zu nehmen, was in unserer Gesellschaft geschieht. Die Themen, auf die sie sich einläßt, müssen schon besonders wichtig sein. Würde die Kirche zu jeder Kleinigkeit etwas sagen, bestünde die Gefahr, daß ihre Stimme zu alltäglich klänge, so daß sie leicht überhört würde. *Grundsätzliche* Fragen, die die Glaubens- und Sittenlehre entscheidend betreffen, sind es, zu denen kirchliche Aussagen benötigt werden.

5.2 *Sachliche Schlüssigkeit und Richtigkeit*

Die Verlautbarungen der Kirche sollten in sich schlüssig und sachlich richtig sein. Die Kirche kann schlecht über absolute Wahrheiten reden, wenn man ihr nachweisen kann, daß ihre eigenen Mitteilungen unkorrekt oder unwahr sind. Es ist durchaus schon vorgekommen, daß kirchliche Veröffentlichungen theologisch fragwürdig waren.

5.3 *Sprachliche Verständlichkeit und gedankliche Klarheit*

Mitunter drücken sich Bischöfe und Theologen nicht gerade geschickt aus. Kirchliche Verlautbarungen wirken manchmal unverständlich, was den Satzbau und die Wortwahl angeht, und unklar, was die Gedankenführung betrifft. Da muß sich etwas ändern, wenn die Wirkung der Botschaften nicht ins Leere gehen soll.

5.4 *Glaubwürdigkeit*

Was die Kirche nach außen hin fordert, muß sie auch nach

innen hin selbst praktizieren. Sonst wirkt sie nicht glaubwürdig. Wort und Tat müssen übereinstimmen. Wie wirkt es zum Beispiel, wenn ein Bischof für besseren Umweltschutz eintritt, seine Diözesanbehörde jedoch gleichzeitig zuviel Strom verbraucht oder zuviel Müll produziert, der entsorgt werden muß? Überdies: Wenn die Kirche ein menschenwürdiges Arbeitsrecht und die Mitbestimmung fordert, selbst aber keine verantwortliche Mitbestimmung der Mitarbeiter im kirchlichen Dienst erlaubt, praktiziert oder sie einschränkt, dann hält sie sich selbst nicht an die eigene Forderung und wird damit unglaubwürdig. Manche merken auch kritisch an, daß die Kirche ein unsozialer Arbeitgeber sei, weil die Entlohnung nicht der staatlichen Praxis entspreche.
Ähnlich verhält es sich mit der Religions- und Gewissensfreiheit. Überall, wo die Religionsfreiheit noch nicht gegeben ist, wird sie vehement eingefordert. Wie sieht es aber da aus, wo Religions- und Gewissensfreiheit zugelassen sind? Lebt die Kirche hier die von ihr sonst geforderten Freiheiten vorbildlich vor? Viele Verlautbarungen lassen hellhörig werden, steht doch die Glaubwürdigkeit auf dem Spiel.

5.5 *Freundlichkeit*

Der Volksmund sagt: »Der Ton macht die Musik.« Das bedeutet: Es kommt immer darauf an, *wie* das klingt, was man sagt. Diese Feststellung gilt auch für die Aussagen der Kirche. Sie wirken auf jeden Fall überzeugender, wenn sie in einem freundlichen Ton abgefaßt und vorgetragen werden. Mißmutige oder gelangweilte oder allzu gelehrte Stellungnahmen z. B. sind ungeeignet, Menschen zum Gespräch einzuladen oder zum Nachdenken zu ermutigen. Solche Texte werden erst gar nicht gelesen, sondern ohne Interesse beiseite gelegt. Manchmal ist ein Weniger an öffentlichen Äußerungen der Kirche ein Mehr, denn niemand kann die Fülle der vorliegenden Texte nachvollziehen, geschweige denn überhaupt nur lesen. Wenn dies nicht oder nur noch schwer möglich ist, haben die Stellungnahmen im Grunde ihren Wert verloren; denn sie kommen beim Empfänger nicht mehr an. Der Leser oder Hörer fühlt sich überfordert.

6. Wie Verbindlichkeit zustande kommt

Ob kirchliche Aussagen als verbindlich gelten, sollte eigentlich nicht in erster Linie davon abhängen, ob sie vom Papst oder »nur« von einem Pfarrgemeinderatsvorsitzenden stammen, ob das ordentliche oder außerordentliche Lehramt in Funktion tritt, sondern eher darauf beruhen, ob die Botschaft, um die es jeweils geht, inhaltlich überzeugend ist und einleuchtet. Nicht die amtliche Autorität sollte im Vordergrund stehen, sondern zunächst die sachliche Autorität der Inhalte. Die *Einsicht* in die Botschaft ist also eine Voraussetzung, um etwas für sich selbst als verbindlich anzunehmen.
Daneben spielt es auch eine Rolle, welche Beziehung z. B. der Hörende zum Sprechenden hat. Wenn ich den Menschen, die den Glauben verkünden, fest vertrauen kann, wird das, was sie in wichtigen Fragen aussagen, sozusagen automatisch als verbindlich angenommen. Das *Vertrauen* in die Person des Verkündenden ist dementsprechend neben der Einsicht in die Sache ein zweites Kriterium für die Verbindlichkeit. Alle anderen Meßlatten treten gegenüber diesen beiden Gesichtspunkten zurück.
Einsicht in die Botschaft und Vertrauen in die Person kann man nicht künstlich herstellen. Sie hängen zu einem großen Teil vom Wirken des Heiligen Geistes ab. Der Geist Gottes steht denen, die sprechen, und denen, die hören, mit seiner Kraft bei. Wenn wir uns aber seinem Wirken verschließen, können Vertrauen und Einsicht nicht wachsen, wenn sie tatsächlich gedeihen sollen. Die Gebetsbeziehung zum Heiligen Geist kann dementsprechend Hilfestellung leisten, den innerkirchlichen Dialog zu erleichtern.

7. Hinweise für den innerkirchlichen Dialog

Bereits innerhalb der Kirche gibt es bisweilen äußerst lebhafte Auseinandersetzungen zu bestimmten Fragen, beispielsweise zur Rolle der Frau oder zur »Theologie der Befreiung« in Lateinamerika. Es ist gut, daß es darüber einen leidenschaftlichen Meinungsaustausch gibt. Manchmal kann man freilich das Gefühl bekommen, daß daraus ein geradezu von Haß und Bitterkeit geprägter Streit wird. Streit um den richtigen Weg darf sein; ja, er muß sogar sein. Es kommt aber darauf an, *wie* wir miteinander umgehen und zu Lösungen kommen. Ich glaube, es fehlt uns oft so etwas wie eine »Kultur des Streitens«. »Seht, wie sie einander lieben«, hieß es damals von den ersten Christen. Und wir heute? Wir Christen unterscheiden uns in unserer rechthaberischen Manier nur selten von den Nicht-Christen. Daran muß sich etwas ändern, wenn der Anspruch der Glaubwürdigkeit gültig bleiben soll. Folgende Überlegungen scheinen dafür hilfreich:

- Wir sollten einander aufmerksam zuhören, damit wir genau wissen, was der andere denkt und meint.
- Wir sollten einander zu verstehen trachten, damit wir einordnen können, *warum* der andere das vertritt, was wir von ihm hören.
- Wir sollten die eigene Meinung so sagen, daß sie den anderen menschlich nicht verletzt oder ihm unverständlich bleibt.
- Wir brauchen Geduld und Gelassenheit, denn manche Fragen lassen sich nicht von heute auf morgen lösen.
- Wir sollten miteinander beten und Gottes Beistand für unsere Meinungsbildung erbitten.

8. Beispiele für kirchliche Stellungnahmen zu strittigen Themen unserer Zeit

Im folgenden werden einige Beispiele aufgeführt, die zeigen wollen, wie verschiedene Repräsentanten des kirchlichen Lehramts zu strittigen und aktuellen Themen unserer Zeit Stellung nehmen. Ein Anspruch auf Vollständigkeit der Themen und der Stellungnahmen besteht dabei nicht. Es handelt sich hier ausschließlich um Äußerungen des ordentlichen Lehramtes in unterschiedlichen Formen der Veröffentlichung. Es werden zwar auch unleugbare Dogmen verarbeitet oder vorausgesetzt, aber insgesamt sind die Texte als sittliche oder theologische Wegweisungen gedacht, die nicht den Anspruch auf Unfehlbarkeit erheben können und wollen. Sie sind Einladungen zum Nachdenken und zum Gespräch. Sie verdienen Respekt und Aufmerksamkeit, ohne daß ihnen in allen Punkten zugestimmt werden muß, wenn eine gründliche Prüfung der Sachverhalte und eine Abwägung der zugrunde liegenden Voraussetzungen vor dem Gewissen zu anderen Ergebnissen führen.

8.1 Abtreibung

1976 verabschiedete die Deutsche Bischofskonferenz eine Erklärung zum Thema »Abtreibung«. Darin heißt es u. a.:

Menschliches Leben als Grundwert

Gott befiehlt im fünften Gebot: »Du sollst nicht töten.« Nicht nur die christlichen Kirchen, sondern alle Religionen und Weltanschauungsgemeinschaften vertreten dieses Gebot. Das menschliche Leben wird als einer der höchsten sittlichen Grundwerte allgemein anerkannt.
Das menschliche Leben ist aber nicht nur ein fundamentaler sittlicher Grundwert, sondern auch ein hohes Rechtsgut. Unter allen Rechten des Menschen kommt dem Recht auf Leben eine ganz besondere Bedeutung zu.
Das menschliche Leben stellt – wie das Bundesverfassungsgericht

ausführt – auch innerhalb der grundgesetzlichen Ordnung unseres Staates einen Höchstwert dar; es ist die vitale Basis der Menschenwürde und die Voraussetzung aller anderen Grund- und Menschenrechte.
Recht und Sittengesetz stimmen also überein, wenn es um den Schutz des menschlichen Lebens geht. Nicht nur die Kirche, sondern auch der Staat und die Gesellschaft müssen Nein sagen und entschiedenen Widerstand leisten, wenn das Recht des Menschen auf sein Leben angetastet wird.
Das gilt uneingeschränkt auch für das ungeborene Leben im Mutterschoß. Wir rufen in Erinnerung, was wir schon in früheren Verlautbarungen gesagt haben:
Das ungeborene Leben ist von der Empfängnis an unantastbar wie das Leben des schon geborenen Kindes. Abtreibung ist ein verabscheuungswürdiges Verbrechen. An diesem Grundsatz, der der beständigen Lehre unserer Kirche entspricht, werden wir unverbrüchlich festhalten.

Konfliktfälle

Dabei verkennen wir nicht, daß es ernste Konfliktsituationen geben kann, in denen die werdende Mutter nicht unter Strafandrohung gezwungen werden sollte, ihre Schwangerschaft auszutragen. Der Verzicht auf den staatlichen Strafanspruch kann aber nur für außergewöhnliche Notsituationen anerkannt werden. Der Staat muß einen solchen Fall auf die Ebene einer praktikablen und genau umschriebenen Rechtsbestimmung bringen, ohne daß sein Ausnahme- und Grenzcharakter verlorengeht. Der Gesetzgeber muß die Regelung einer solchen Zwangssituation in einer Weise vornehmen, die auch in diesem Ausnahmefall den Grundsatz der Unantastbarkeit des ungeborenen Lebens deutlich macht.
Einer solchen außergewöhnlichen Konfliktsituation hat das deutsche Reichsgericht im Jahre 1927 durch die Zuerkennung von Straffreiheit für einen Schwangerschaftsabbruch im Falle ernster Bedrohung von Leib und Leben der werdenden Mutter Rechnung getragen. Diesem Grundsatz werden die dem Deutschen Bundestag zur Beratung vorgelegten Gesetzentwürfe nicht gerecht.
Man will unter den Begriff der medizinischen Indikation andere und weitergehende Tatbestände fassen, bei denen es sich eindeutig nicht um Fälle handelt, in denen nach den Erkenntnissen und Erfahrungen der Heilkunde nur durch einen Schwangerschaftsabbruch die Gefahr des Todes oder einer unzumutbaren schweren und nachhaltigen Schädigung an Körper und Gesundheit von der Frau abgewen-

det werden kann. Dagegen müssen schwerwiegende Bedenken erhoben werden.

Der Hinweis auf soziale Probleme, die mit einer Schwangerschaft verbunden sein können, darf bei dem Entwicklungsstand unserer Gesellschaft überhaupt keine Berechtigung haben. Niemals darf der Staat die Tötung eines ungeborenen Kindes aus sozialen Gründen zulassen. Gerade heute sind Staat und Gesellschaft mehr als je zuvor verpflichtet und auch in der Lage, sich all der Fälle anzunehmen und wirksame Hilfe zu leisten, in denen Frauen in einer Notlage sich mit dem Gedanken tragen, das ungeborene Leben zu vernichten. Ein Staat, der vor sozialen Schwierigkeiten und Notlagen kapituliert, hört auf, ein Sozialstaat zu sein.

Schwerwiegende Folgen hätte es, wenn unser Wohlstandsklima dahin führen würde, daß die Sucht nach der Befriedigung materieller Bedürfnisse das Gespür für den Sinn und die Würde des menschlichen Lebens überhaupt verdunkeln würde.

Die katholische Kirche kann auch niemals die Tötung ungeborenen menschlichen Lebens aus eugenischen Gründen hinnehmen. Diese widerspricht in ganz besonderer Weise der Humanität, der menschlichen Barmherzigkeit und der christlichen Nächstenliebe. Staat und Gesellschaft sind nicht berechtigt, sich die Entscheidung über Wert oder Unwert menschlichen Lebens anzumaßen und zu bestimmen, ob ein Kind leben darf oder nicht. Ein Staat, der die Tötung ungeborener Kinder nur deshalb zuläßt, weil das Kind möglicherweise mit körperlichen oder geistigen Schäden zur Welt kommt, verachtet unsere Mitbürger, die mit solchen Schäden leben müssen, und hört auf, ein Rechtsstaat zu sein.

Niemand in unserem Lande sollte die unheilvolle Zeit vergessen, in der mit dem Begriff »Eugenik« schwerer Mißbrauch getrieben wurde.

Beratung und Begutachtung

Der Schutz des ungeborenen Lebens kann nicht durch das Strafrecht allein gewährleistet werden. Notwendig sind ebenso vielfältige vorbeugende Maßnahmen und Hilfen.

Die in diesem Zusammenhang vorgesehene Beratung der Schwangeren mit dem Ziel, sie zu einem Austragen der Schwangerschaft zu veranlassen und ihr dabei konkrete praktische Hilfe anzubieten oder zu vermitteln, ist ein begrüßenswerter Ansatz. Eine solche Beratung und Hilfe kann aber nur von Beratungsstellen mit hierzu qualifizierten und fachlich vorgebildeten Mitarbeitern geleistet werden. Sozialrecht und Sozialwesen sind – worauf auch das Bundesverfassungsgericht mit Recht hingewiesen hat – selbst für den fachlichen Vorgebildeten schwer zu überblicken. Von einem Arzt kann eine zuverlässige Unterrichtung über die gerade im Einzelfall bestehenden Ansprüche und Möglichkeiten nicht erwartet werden. Die Ärzte sind für eine solche Beratungstätigkeit weder nach ihrer Berufsausbildung qualifiziert, noch steht unseren vielbeschäftigten Ärzten im allgemeinen die für eine individuelle Beratung erforderliche Zeit zur Verfügung. Auch ist nach unserer Auffassung eine Regelung, wonach die Beratung durch einen beliebigen, keiner Kontrolle unterliegenden Arzt erfolgen kann, der lediglich angeben muß, sich auf irgendeine Weise über die zur Verfügung stehenden Hilfen unterrichtet zu haben, nicht geeignet, ungeborenes Leben wirksam zu schützen.

Das gilt in noch stärkerem Maße für das Begutachtungsverfahren. Wenn man den Schutz des ungeborenen Lebens ernst nimmt, dann kann und darf die Indikationsfeststellung nur einem ermächtigten und für diese Aufgabe besonders zugelassenen Ärztegremium übertragen werden.

Auch muß die Beratung der Schwangeren unabhängig und sowohl sachlich als auch personell völlig getrennt von einem etwaigen späteren Verfahren zur Begutachtung bzw. ärztlichen Feststellung der Indikation erfolgen. Eine Verknüpfung von Beratung und Indikationsfeststellung würde es außerdem den in kirchlicher Trägerschaft stehenden Beratungsstellen erschweren bzw. unmöglich machen, Schwangerenberatung im Rahmen eines solchen Gesetzes auszuüben.

Wir sind der Überzeugung, daß Staat und Gesellschaft auf die Mitarbeit der in kirchlicher Trägerschaft stehenden Beratungsstellen nicht verzichten wollen. Sie werden in ständig steigendem Umfang von Ratsuchenden in Anspruch genommen und haben in den letzten Jahren in vielen Tausenden von Fällen entsprechend ihrem Auftrag werdenden Müttern Beratung und Hilfe geleistet und ungeborenes Leben vor der Vernichtung gerettet. Die Briefe vieler dankbarer Mütter, die inzwischen ihr Kind geboren haben und heute glücklich über ihre Entscheidung für das Leben sind, sind dafür überzeugende Beweise.

aus: Erklärung des Ständigen Rates der Deutschen Bischofskonferenz vom 26. Januar 1976 »Zur Neuregelung des § 218« (= Die deutschen Bischöfe 6), S. 4–7.

Weitere Stellungnahmen:

Hirtenschreiben der deutschen Bischöfe zum Schutz des ungeborenen Lebens vom 25. April 1973. Hrsg. Sekretariat der Deutschen Bischofskonferenz (München), Bonn.

Zur Novellierung des § 218. Pastorales Wort, Empfehlungen für Ärzte und

medizinische Fachkräfte in Krankenhäusern vom 7. Mai 1976 (= Die deutschen Bischöfe 7).
Zur Novellierung des § 218. Empfehlungen für Seelsorger und Religionslehrer vom 7. Mai 1976 (= Die deutschen Bischöfe 8).
Dem Leben dienen. Die deutschen Bischöfe zur Situation nach der Änderung des § 218 vom 27. August 1979. Hrsg. Sekretariat der Deutschen Bischofskonferenz, Bonn. Nachdruck: Die deutschen Bischöfe 21.
Wähle das Leben. Hirtenwort der am Grabe des hl. Bonifatius versammelten deutschen Bischöfe vom 22. September 1982 (= Die deutschen Bischöfe 32).
Für das Leben. Pastorales Wort zum Schutz der ungeborenen Kinder vom 24. November 1986 (= Die deutschen Bischöfe 38).
»Wähle das Leben«. Symposion 11. Juni 1982 in Bonn-Bad Godesberg. Dokumentation. Hrsg. Sekretariat der Deutschen Bischofskonferenz, Bonn (= Arbeitshilfen 27).
Das Leben des ungeborenen Kindes. Zur aktuellen politischen Diskussion (November 1986). Hrsg. Sekretariat der Deutschen Bischofskonferenz und Zentralkomitee der deutschen Katholiken, Bonn (= Arbeitshilfen 48).
Lissek, Vincens – Felix Raabe, Für das Leben. Eine Arbeitshilfe zur Auseinandersetzung um den § 218 StGB. Hrsg. Generalsekretariat des Zentralkomitees der deutschen Katholiken, Bonn 1974.
Bischof Heinrich Tenhumberg, Hirtenwort über unsere Verantwortung für das menschliche Leben, Münster, 1. Mai 1979.
Zum Schutz des noch nicht geborenen menschlichen Lebens, Paderborn 1986 (= Pastorale Handreichungen. Schriftenreihe des Erzbischöflichen Generalvikariates Paderborn, H. 4).

8.2 AIDS

Interview mit Bischof Karl Lehmann zur AIDS-Kampagne (aus der Kirchenzeitung »Glaube und Leben«)

KIRCHENZEITUNG: *Der Ständige Rat der Deutschen Bischofskonferenz nimmt nicht gerade häufig zu aktuellen Fragen Stellung. Was hat ihn bewogen, sich zu der AIDS-Kampagne zu äußern?*
BISCHOF LEHMANN: Es gab in erster Linie Fragen von Mitgliedern unserer Kirche, ob die Bischöfe mit dieser Anzeigen-Kampagne einverstanden seien. Die Medien haben außerdem rasch nach dem Erscheinen der ersten Anzeigen Stellungnahmen verlangt. Selbstverständlich haben wir auch selbst die Pflicht, mit unserer Meinung in ethischen Fragen – und um eine solche geht es – nicht hinter dem Berg zu halten.
KIRCHENZEITUNG: *Die Bischöfe sagen, mit Kondomen ließe sich die AIDS-Gefahr nicht bannen; sie verwies auf eheliche Treue und sexuelle Enthaltsamkeit. Dieser Hinweis mag für gläubige Christen*

wertvoll sein. Die aber bilden in unserer pluralisitischen Gesellschaft nur einen Teil der Bevölkerung. Mußte die Gesundheitsministerin aus ihrer großen Verantwortung heraus nicht auch an die denken, die sich durch christliche Grundsätze nicht ansprechen lassen?

LEHMANN: Hier liegt der Knoten des Problems. Lassen Sie mich etwas ausholen und in mehreren Stufen antworten:

AIDS bekommt man nicht über Nacht wie eine Erkältung, sondern man muß es sich schon holen – praktisch fast nur durch sexuelle Kontakte. Die Verbreitung würde nicht so beängstigend erfolgen, wenn die sexuelle Freizügigkeit, die eheliche Bindungslosigkeit und der Geschlechtsverkehr mit unbekannten und häufig wechselnden Personen (Promiskuität) nicht so enorm zugenommen hätten. Dies gilt nicht nur für die sogenannten Risikogruppen (zum Beispiel Homosexuelle, Prostituierte, Drogensüchtige). Es scheint uns nicht zwingend und nicht angemessen zu sein, in sehr verbreiteten Anzeigen nur Kondome als »Schutz« zu empfehlen. Sollte man nicht zuerst und vor allem die eigenen Lebensgewohnheiten überdenken? Dies wäre ganz gewiß der einfachste, naheliegendste und wirkungsvollste Weg. Ihn darf man auf keinen Fall verschweigen, denn jeder ist schließlich für den sexuellen Umgang verantwortlich.

Den Bischöfen wurde vielfach vorgeworfen, sie seien »weltfremd«. Wir wären miserable Seelsorger, wenn wir nicht sehr nüchtern wüßten, wie es in der »Welt« aussieht und zugeht ... Aber wir fragen uns und andere, ob sie immer so bleiben muß, wie sie ist. Wir wollen alles verändern – uns selbst jedoch am wenigsten! Ich finde darin den Inbegriff des Reaktionären. Ist dies angesichts der AIDS-Gefahr »vernünftig«? Wer hier nur auf vordergründige Realitäten pocht, verkennt die ganze Wirklichkeit. Nicht Theologen und Kirchenmänner, sondern internationale Wissenschaftler und Fachleute der Medizin sagen: »Unser Lebensstil hat die gegenwärtige AIDS-Epidemie hervorgebracht.« – »Deshalb fängt die sexuelle Revolution an, ihre Kinder aufzufressen.« »Die Freiheit zu lieben, wie immer man will, ist bestürzend kostspielig und kostbar geworden. Mag sein, daß sie eines Tages unbezahlbar wird.«

Über diese Hintergründe nachzudenken, ist der wahre Anfang jeder Verbesserung der Situation. Wo sonst nichts mehr hilft, mag die staatliche Gesundheitspolitik auch an Kondome denken (darin steckt keine sittliche Rechtfertigung!), aber ihre Anzeigen sollten die Spur eines Aufrufs zur Nachdenklichkeit enthalten und Bereitschaft zur Veränderung des Lebensstils zu wecken suchen – sonst lesen sich die PR-gefertigten Anzeigen ähnlich wie die Werbung von Gummifabriken. Sollten wir nicht auch die aidsgefährdeten Menschen ernster nehmen und sie auf die Chance ihrer Freiheit hin ansprechen, anstatt sie mit spielerischen, anzüglichen Späßchen anzugehen: »Gefährlich wird's und gar nicht heiter, geht der Spaß zu zweit viel weiter ...« Die vielzitierte Wirklichkeit, die wir Bischöfe angeblich nicht kennen, ist doch viel brutaler! Wie sagt ein AIDS-Kranker: »Das Virus zwingt mich, ein anderes Leben zu führen als bis dato, und das stinkt mir gewaltig.« Könnte man dies nicht einmal vor der Ansteckung versuchen?

Ja, wir geben uns nicht mit »Tatsachen« zufrieden, sondern rufen sittliche Maßstäbe in Erinnerung. Haben wir die einfachsten Ergebnisse der jahrelangen Debatte um die »Grundwerte« schon wieder vergessen? Die Bischöfe wollen nicht, daß der Staat in das Sexualleben seiner Bürger hineinzuregieren versucht, aber es darf auch nicht der Anschein entstehen, als ob die Pflege eines Klimas, in dem sittliche Maßstäbe gedeihen, nur Sache der Kirche wäre. – Der Staat ist zwar nicht weltanschauungsgebunden, aber auch nicht wertneutral; dies gilt gerade für solche Anzeigen, die Meinung machen wollen und immerhin auch viele Jugendliche ansprechen. Sind Treue und Verzicht keine Werte, die man offen nennen darf? Auf jeden Fall geht es hier um menschliche Grundhaltungen – keineswegs um eine katholische »Sondermoral«.

KIRCHENZEITUNG: *AIDS-Kranke könnten – auch durch eine falsche Interpretation des Bischofswortes – in den Augen mancher überzeugter Katholiken als »Sünder« abgestempelt sein. Wie sollen sich Christen gegenüber AIDS-Kranken verhalten?*

LEHMANN: Die Erklärung der Bischöfe gibt nicht den geringsten Anlaß, AIDS-Kranke moralisch in irgendeiner Weise zu disqualifizieren. Der Christ wird das tun, was der barmherzige Samariter dem Opfer vorbildlich erwiesen hat: »Als er ihn sah, hatte er Mitleid, ging zu ihm hin, goß Öl und Wein in seine Wunden und verband sie ..., brachte ihn zu einer Herberge und sorgte für ihn« (Lk 10,33f). Daran hat sich nichts geändert. Der Christ soll keine Furcht schüren, AIDS aber auch nicht verharmlosen; er braucht keine Berührungsängste zu haben, solange es um menschliche Begegnung und Hilfe geht; Christen schleichen sich nicht davon, wenn es dem Mitmenschen bange ist und er Grund zur Angst hat.

KIRCHENZEITUNG: *Umgekehrt werden AIDS-Kranke nach Erscheinen des Bischofswortes möglicherweise Hemmungen haben, sich an kirchliche Hilfsstellen zu wenden. Können Sie den Betroffenen diese Hemmungen nehmen?*

LEHMANN: Kein AIDS-Kranker braucht, wie gesagt, irgendwelche Ängste zu haben. Der christliche Dienst am kranken Nächsten geschieht ohne moralische Vorleistung oder frömmelnde Überheblichkeit. Die christliche Caritas muß hier ihr Licht nicht unter den

Scheffel stellen: Sie hat über Jahrhunderte in Zeiten von Seuchen Aussätzige und Pestkranke weder gemieden noch verbannt. Wenn alle anderen sich aus dem Staub gemacht haben, sind Heilige bis zur letzten Hingabe helfend zur Seite gestanden ... Warum soll dies heute anders sein, gerade bei AIDS?

KIRCHENZEITUNG: *Treten Sie – im Gegensatz zu Ministerin Süßmuth – für eine Meldepflicht der AIDS-Fälle ein?*

LEHMANN: Zur Meldefrage hat die Kirche nichts Eigenes zu sagen. Einige halten sie – auch ausländische Forscher – für notwendig, wie dies für viele ansteckende Krankheiten gilt, um einen statistischen Überblick über die Verbreitung der Krankheit in der Bevölkerung zu gewinnen (wohl wissend um die Dunkelziffer). Andere Fachleute sind der gut begründeten Meinung, die Meldepflicht bringe keine zusätzlichen Erkenntnisse und Hilfen. In dieser gesundheitspolitischen Frage haben wir keine besondere Meinung. Solange die Experten überwiegend der Ansicht sind, eine Meldepflicht verbessere die Situation nicht, können wir uns, wie der Caritasverband, dieser These anschließen – ein Rezept für alle Zeiten muß es nicht sein, wenn bessere Gründe für andere Vorschläge vorliegen.

KIRCHENZEITUNG: *Es ist bekannt, daß die Caritasverbände schon heute AIDS-Kranke beraten und ihnen nach Möglichkeit helfen. Sollte von seiten der Caritas eine Aufklärungskampagne aus christlicher Sicht erfolgen?*

LEHMANN: AIDS-Kranke werden nicht erst heute, sondern schon seit längerem betreut. In der Erklärung kam es den Bischöfen – was meist untergegangen ist – entschieden auf diese Hilfe an. »Die katholische Kirche ist bereit, in den Beratungsstellen und Krankenhäusern den Betroffenen nach Kräften zu helfen und ihrer gesellschaftlichen Isolierung entgegenzuwirken«, heißt es zu Beginn. Es hat wenig Sinn, »eigene« Ziele zu verfolgen. Es kommt darauf an, daß alle Kräfte und Einrichtungen zusammenarbeiten und dem einen Ziel dienen, Leben zu schützen und kranke Menschen vor sozialer Isolierung zu bewahren und sie auf ihrem Leidensweg zu begleiten. Wir sind dabei, uns dafür noch kundiger zu machen.

Ganz gewiß können die kirchlichen Einrichtungen – von den Beratungsstellen bis zu den Seelsorgern in den Vollzugsanstalten – sich nicht begnügen, Kondome zu empfehlen, sondern sie werden in Rat und Tat ein Zeugnis abgeben für etwas, was man nicht zu bereuen braucht: Ein neues Leben in wahrer Freiheit.

Interview: Ernst Schlögel

aus: Glaube und Leben, Kirchenzeitung für das Bistum Mainz, Nr. 6/87, 8. 2. 1987.

Aktueller Nachtrag des Bischofs zum Interview

Das vorstehende Interview habe ich mitten in der Auseinandersetzung um die AIDS-Erklärung der deutschen Bischöfe geschrieben. Nach einigen Wochen öffentlicher Diskussion habe ich nichts zurückzunehmen, aber einige Akzente kommen hinzu:

1. Besonders verhängnisvoll und tragisch erscheinen mir heute die offenbar gar nicht wenigen Fälle von AIDS-Kranken, die im Zusammenhang von Bluttransfusionen infiziert wurden, von Frauen, die nichtsahnend von ihrem für treu gehaltenen Ehemann angesteckt worden sind, von Neugeborenen, die schon die tödlichen Viren als Erbe für ihr Leben in die Wiege bekommen haben, und von allen »Unschuldigen«, die persönlich von dieser Seuche hart getroffen wurden. Ich will auch nicht den Stab brechen z. B. über jenen Mann, der einmal in vielen Jahren seiner Ehe auf einer langen Geschäftsreise »schwach« und von diesem einmaligen Fehltritt her aidskrank wurde ... mitten in einer eigentlich glücklich zu nennenden Ehe mit zwei Kindern.

2. Für mich war es erschütternd, wie sehr ein großer Teil der Medien – nicht gleichzusetzen mit der Bevölkerung und schon gar nicht mit der Mehrheit der Katholiken – sich als unfähig erwies, den Grundgedanken der kirchlichen Erklärung aufzunehmen, daß das Unterbrechen der AIDS-Ansteckungsketten zuerst nicht bloß eine Sache mechanischer Verhütungsmittel, sondern der Lebenseinstellungen und -gewohnheiten der Menschen ist. Diese Diskussion hat in hohem Maße offenbart, wie sehr in allen gesellschaftlichen Rängen die elementaren Zugänge zu einer ethischen Sicht des menschlichen Verhaltens verschüttet sind – ich meine keine verklemmte Moral. Was hier zutage kam, war wichtiger als viele gelehrte Situationsanalysen. Die Feigheit vieler Politiker war vor solchen einfachen Wahrheiten nicht weniger bestürzend.

3. Die kirchliche Stellungnahme hat von Anfang an die Sorge der Mediziner und Politiker wegen der Ausbreitung von AIDS geteilt, Hilfe in den eigenen Einrichtungen und Beratungsstellen zugesagt und versprochen, alles zu tun, um der Isolierung der Betroffenen entgegenzuwirken. Dieser erste Abschnitt unserer Januarerklärung wurde weitgehend ignoriert. Von sechs Journalisten, die mich für das Fernsehen zum Thema interviewten, hatten vier von dieser fundamentalen Aussage keine Ahnung – sie hatten nur verkürzte Agenturmeldungen zur Kenntnis bekommen und bedauerten dies, nachdem sie den vollen Text kennenlernten. Ähnlich ging es mit der erneuten Stellungnahme der Bischofskonferenz vom 12. März 1987. Sollte die Kirche immer wieder auf das reine »Verbot« und sollten die Bischöfe auf Dunkelmännertum fixiert werden, ohne die

positiven Hilfen zu nennen? Wer hat Interesse an solchen Verzerrungen?
4. Ich sehe dennoch eine große Chance. Die öffentliche Diskussion ist ernster und nachdenklicher geworden. Wir wollen nicht rechten, woher dies kommt. Entscheidend ist die Erweiterung der Perspektiven und der Motive. Auch die »sexuelle Revolution«, die sich gar nicht in Frage stellen lassen möchte, kommt auf den Prüfstand. Erst dann geschieht wahrhaft »Aufklärung«, wenn es auch kein Tabu dieser Art mehr gibt.
Für den Religionsunterricht ist diese neue Situation vermutlich eine große Chance, denn nun kann man unverkrampft und sachlich wieder über Dinge reden, die bisher auch »tabu« waren: menschliche Sexualität, ihre Zweideutigkeit, die Aufgabe ihrer Gestaltung, ihre Höhen und Tiefen, Verzicht und Geduld des Reifens, ihre wohltuende Zuordnung ... Diese Chance der Stunde sollten wir nützen.
Bischof Prof. DDr. Karl Lehmann

aus: Religionsunterricht heute, Heft 1–2/1987, S. 56.

Presseveröffentlichung der Deutschen Bischofskonferenz zum Thema »AIDS«

In großer Sorge haben wir die Fragen beraten, die sich im Zusammenhang mit der Immunschwäche AIDS ergeben. Der Ständige Rat hat im Januar in einer Erklärung betont, daß die katholische Kirche bereit ist, in den Beratungsstellen und Krankenhäusern den Betroffenen nach Kräften zu helfen und ihrer gesellschaftlichen Isolierung entgegenzuwirken. Gleichzeitig haben wir darauf hingewiesen, daß es eine bedenkliche Entwicklung ist, wenn zur Vermeidung einer Ansteckung ausschließlich technische Hilfsmittel empfohlen werden. Wir teilen die Sorge vieler Eltern, die sich gegen eine solche oberflächliche Aufklärungskampagne wenden. Nach unserer Überzeugung ist der Hinweis auf verbindliche sittliche Maßstäbe im geschlechtlichen Verhalten unerläßlich. Nach dem Willen Gottes geschieht das gegenseitige geschlechtliche Sich-Schenken von Mann und Frau in der unbedingten Treue und unauflöslichen Einheit der Ehe. Eine entsprechende Änderung des Lebensstils und damit eheliche Treue und sittliche Ordnung der Sexualität sind die geeigneten Wege, eine weitere Ausbreitung dieser Krankheit zu vermeiden.
Die vielfach in der Öffentlichkeit geäußerte Meinung, der Intimverkehr mit unbekannten und wechselnden Partnern sei das »normale« Verhalten in unserer Gesellschaft, trifft nicht zu. Viele Menschen, die die eheliche Treue als gültigen Maßstab ihres Verhaltens leben, fühlen sich zu Recht durch solche Aussagen betroffen.

Die Vollversammlung hat beschlossen, eine Expertengruppe einzusetzen, die alle Fragen im Zusammenhang mit dieser Krankheit erörtern soll. Vor allem geht es darum, Wege zu finden, wie den Erkrankten wirksam geholfen werden kann.
Zahlreiche caritative Dienste und Einrichtungen der katholischen Kirche wie Krankenhäuser, Sozialstationen und Beratungsstellen sowie die Krankenhausseelsorge sind bereits in der Betreuung von AIDS-Kranken tätig. Die Vollversammlung betrachtet es zugleich als vordringliche Aufgabe der Kirche, der Diskriminierung und gesellschaftlichen Isolierung der Betroffenen entgegenzuwirken.

aus: Pressebericht der Frühjahrs-Vollversammlung der Deutschen Bischofskonferenz, 9. bis 12. März 1987 in Stapelfeld: Pressedienst der Deutschen Bischofskonferenz, Dokumentation 2/87 v. 13. März 1987.

Weitere Stellungnahmen zum Thema AIDS:
Erklärung des ständigen Rates (der deutschen Bischofskonferenz) zur »Aids-Anzeigenkampagne« vom 26. Januar 1987, in: Amtsblatt für die Diözese Augsburg 1987, S. 68.
AIDS. Vier Aussagen des Erzbischofs von Köln, Kardinal Joseph Höffner. Köln 1987 (= Zeitfragen H. 41, hrsg. vom Presseamt des Erzbistums Köln).
AIDS. Orientierungsrahmen für das Bistum Trier. Hrsg. Arbeitsgruppe AIDS des Bistums Trier, Vorsitzender: Prälat Roland Ries. Trier 1987.
Augsburger Erklärung. Gemeinsame Stellungnahme der Augsburger Kirche zum Thema »AIDS«. Augsburg 1987.
AIDS. Eine Handreichung für Eltern, Lehrer und Schüler. Hrsg. Zentralstelle Bildung der Deutschen Bischofskonferenz, Bonn (o. J.).

8.3 Arbeit und Kapital

Über das Verhältnis zwischen Arbeit und Kapital im Wirtschaftsleben schreibt Papst Johannes Paul II. in seiner Enzyklika »Laborem exercens« unter anderem:

Angesichts der gegenwärtigen Wirklichkeit, in deren Struktur so viele vom Menschen verursachte Konflikte zutiefst eingefügt sind und in der die technischen Mittel – eine Frucht der menschlichen Arbeit – eine erstrangige Rolle spielen (man denke hier auch an die Möglichkeit eines weltweiten Zusammenbruchs im Falle eines Atomkrieges mit seinen fast unvorstellbaren Zerstörungskräften), muß man vor allem ein Prinzip in Erinnerung rufen, das die Kirche immer gelehrt hat: *das Prinzip des Vorranges der Arbeit gegenüber dem Kapital.* Dieses Prinzip betrifft direkt den Produktionsprozeß, für den die Arbeit immer *eine der hauptsächlichen Wirkursachen ist,* während das Kapital, das ja in der Gesamtheit der Produktionsmittel besteht, bloß *Instrument* oder instrumentale Ursache ist. Dieses Prinzip ist eine offensichtliche Wahrheit, die sich aus der ganzen geschichtlichen Erfahrung des Menschen ergibt.

Wenn wir im ersten Kapitel der Bibel hören, daß der Mensch die Erde sich untertan machen soll, dann wissen wir, daß sich diese Worte auf alle Schätze beziehen, welche die sichtbare Welt zur Verfügung des Menschen in sich birgt. Dennoch können diese Reichtümer *nur durch die Arbeit dem Menschen nutzbar gemacht werden.* Mit der Arbeit ist von Anfang an auch das Problem des Eigentums verbunden. Tatsächlich verfügt der Mensch, will er die in der Natur verborgenen Schätze nutzbar machen, nur über ein einziges Mittel, nämlich die Arbeit. Um aber diese Schätze durch seine Arbeit ausnützen zu können, eignet sich der Mensch kleine Teile der Naturschätze des Erdinnern, des Meeres, der Erde, des Weltraums an. Von all dem eignet er sich etwas an und macht daraus seine Werkstatt. Diese Aneignung geschieht durch Arbeit und für weitere Arbeit.

Das gleiche Prinzip läßt sich auf die nachfolgenden Phasen dieses Prozesses anwenden, dessen *erste Phase* stets die Beziehung des Menschen zu den *Schätzen der Natur* bleibt. All das Bemühen des Geistes um die Entdeckung dieser Schätze und ihrer verschiedenen Verwendungsmöglichkeiten durch den Menschen und für den Menschen macht uns bewußt, daß alles, was bei der gesamten Wirtschaftsproduktion vom Menschen stammt – sowohl die Arbeit als auch die Gesamtheit der Produktionsmittel und die mit ihnen verbundene Technik, das heißt die Fähigkeit, diese Mittel bei der Arbeit einzusetzen –, die Schätze der sichtbaren Welt voraussetzt, *die der Mensch vorfindet,* nicht schafft. Er findet sie gewissermaßen schon fertig vor, bereit für die erkennende Entdeckung und für die richtige Verwendung im Produktionsprozeß. In jeder Phase seiner Arbeit steht der Mensch vor der Tatsache, daß er zuallererst von seiten der Natur und letzten Endes *von seiten des Schöpfers beschenkt* wird. Am Anfang der menschlichen Arbeit steht das Geheimnis der Schöpfung. Diese bereits als Ausgangspunkt angegebene Feststellung zieht sich wie ein roter Faden durch das vorliegende Dokument und wird in dessen letztem Teil noch weiter entfaltet werden.

Die folgenden Gedanken zu diesem Problem sollen uns bestärken in der Übersetzung *vom Vorrang der menschlichen Arbeit* gegenüber dem, was mit der Zeit allmählich als *»Kapital«* bezeichnet wurde. Wenn nämlich zum Bedeutungsbereich dieses Begriffes außer den uns zur Verfügung stehenden Naturschätzen auch das Gesamt all jener Mittel gehört, durch die der Mensch sie sich zu eigen macht und seinen Erfordernissen entsprechend umwandelt, wobei er sie so in gewissem Sinne »humanisiert«, dann muß man bereits hier feststellen, daß *diese Gesamtheit der Mittel das geschichtlich gewachsene Erbe menschlicher Arbeit* ist. Alle Produktionsmittel, von den primitivsten bis zu den ultramodernen, sind nach und nach vom Menschen erarbeitet worden, von seiner Erfahrung und seiner Intelligenz. Auf diese Weise entstanden nicht nur die einfacheren Werkzeuge, die zur Bebauung der Erde dienen, sondern – dank des entsprechenden Fortschritts der Wissenschaft und Technik – auch die moderneren und komplizierteren: Maschinen, Fabriken, Laboratorien und Computer. So ist *alles, was zur Arbeit dient*, alles, was beim heutigen Stand der Technik immer vollkommeneres »Werkzeug« darstellt, eine *Frucht der Arbeit.* Dieses gigantische und mächtige Werkzeug – die Gesamtheit der Produktionsmittel, die in gewissem Sinne mit dem »Kapital« gleichgesetzt werden – ist Frucht der menschlichen Arbeit und trägt deren Zeichen. Wenn der Mensch, das Subjekt der Arbeit, beim heutigen Ausmaß technischen Fortschritts, sich dieser Gesamtheit moderner Instrumente, der Produktionsmittel also, bedienen will, muß er sich zuerst die Frucht der Arbeit jener Menschen geistig aneignen, die diese Instrumente erfunden, geplant, konstruiert und vervollkommnet haben und dies noch weiterhin tun. Die *Arbeitsfähigkeit*, das heißt die Fähigkeit wirksamer Teilnahme am modernen Produktionsprozeß, erfordert eine immer bessere *Vorbereitung* und vor allem eine entsprechende *Ausbildung.* Natürlich bleibt bestehen, daß jeder Mensch, der am Produktionsprozeß teilnimmt – auch dann, wenn er nur eine solche Arbeit verrichtet, für die weder eine besondere Ausbildung noch spezielle Voraussetzungen erforderlich sind –, in diesem Prozeß als echtes Subjekt wirksam ist, während sämtliche Instrumente, seien sie als solche auch noch so vollkommen, einzig und allein dem menschlichen Tun untergeordnete Werkzeuge sind.

Diese Wahrheit, die zum festen Bestand der kirchlichen Lehre gehört, muß im Zusammenhang mit der Frage der Arbeitsordnung und auch des gesamten sozio-ökonomischen Systems immer wieder betont werden. Man muß den Primat des Menschen im Produktionsprozeß, *den Primat des Menschen gegenüber den Dingen* unterstreichen und herausstellen. Alles, was der Begriff »Kapital« – im engeren Sinn – umfaßt, ist nur eine Summe von Dingen. Der Mensch als Subjekt der Arbeit und unabhängig von der Arbeit, die er verrichtet, der Mensch, und er allein ist Person. Diese Wahrheit enthält wichtige und entscheidende Folgerungen.

aus: Papst Johannes Paul II., Enzyklika »Laborem exercens« über die menschliche Arbeit zum 90. Jahrestag der Enzyklika »Rerum novarum« vom 14. September 1981, Nr. 12. Hrsg. Sekretariat der Deutschen Bischofskonferenz (= Verlautbarungen des Apostolischen Stuhls VAS 32) S. 26–28.

Weitere Aussagen zum Thema »Arbeit«:

Pastoralkonstitution des II. Vatikanischen Konzils über die Kirche in der Welt von heute »Gaudium et spes« Nrr. 66f; aus: Rahner/Vorgrimler, Kleines Konzilskompendium, S. 520–523.

Johannes Paul II., Ansprache an die Teilnehmer der 68. Tagung der Internat. Konferenz für Arbeit in Genf am 15. Juni 1982, in: DAS 1982, S. 620–635.

Ders., Ansprache bei der Generalaudienz am 15. Februar 1984; in: DAS 1984, S. 34–37.

Ders., Ansprache beim Angelus am 18. März 1984; in: DAS 1984, S. 57f.

Ders., Predigt beim Gottesdienst anläßlich der Heilig-Jahr-Wallfahrt der Arbeiter am 18. März 1982; in: DAS 1984, S. 1067–1073.

Ders., Apostolisches Schreiben an die Jugendlichen in der Welt zum Internationalen Jahr der Jugend am 31. März 1985, Nr. 12; in: DAS 1985, S. 1208–1211.

Ders., Ansprache an die Bergarbeiter von Monteponi bei Iglesias (Sardinien) am 18. Oktober 1985; in: DAS 1985, S. 1016–1021.

Ders., Ansprache zur »Welt der Arbeit« in Bottrop am 2. Mai 1987; in: Predigten und Ansprachen von Papst Johannes Paul II. bei seinem zweiten Pastoralbesuch in Deutschland sowie Begrüßungsworte und Reden, die an den Heiligen Vater gerichtet wurden (30. April bis 4. Mai 1987). Offizielle Ausgabe. Hrsg. Sekretariat der Deutschen Bischofskonferenz, Bonn 1987 (= VAS 77), S. 66–72.)

Ders., Ansprache an die Seeleute am Handelshafen von Gaeta vom 25. Juni 1989 in: L'Osservatore Romano, dt., Nr. 35 v. 1. September 1989, S. 12.

Nationale Konferenz der katholischen Bischöfe der Vereinigten Staaten von Amerika, Wirtschaftliche Gerechtigkeit für alle: Die katholische Soziallehre und die amerikanische Wirtschaft, vom 13. Nov. 1986. Hrsg. Sekretariat der Deutschen Bischofskonferenz, Bonn 1986 (= Stimmen der Weltkirche 26).

Weitere Äußerungen zum Verhältnis zwischen Arbeit und Kapital:

Pastoralkonstitution des II. Vatikanischen Konzils über die Kirche in der Welt von heute »Gaudium et spes« Kap. 3: Das Wirtschaftsleben; aus: Rahner/Vorgrimler, Kleines Konzilskompendium, S. 517–529.

Johannes Paul II., Ansprache an die staatlichen und privaten Unternehmer in Mailand am 22. Mai 1983; in: DAS 1983, S. 421–427.

Ders., Predigt bei der Messe mit den Arbeitern in Ciudad Guayana (Venezuela) am 29. Januar 1985; in: DAS 1985, S. 331–337.

Julius Döpfner, Ethische Grundsätze einer Wirtschaftsführung. Vortrag des Vorsitzenden der Deutschen Bischofskonferenz am 11. März 1975 vor dem Bundesverband der Deutschen Industrie. Hrsg. Sekretariat der Deutschen Bischofskonferenz, Bonn 1975 (= Der Vorsitzende 2).

Joseph Höffner, Wirtschaftsordnung und Wirtschaftsethik. Richtlinien katholischer Soziallehre. Eröffnungsreferat des Vorsitzenden der Deutschen Bischofskonferenz bei der Herbstvollversammlung der Deutschen Bischofskonferenz in Fulda, 23. September 1985, Bonn 1985 (= Der Vorsitzende 12).

Ders., Der Staat, Diener der Ordnung. Eröffnungsreferat des Kardinals Joseph Höffner bei der Herbstvollversammlung der Deutschen Bischofskonferenz in Fulda, 22. September 1986, Bonn 1986 (= Der Vorsitzende 13).

8.4 Ausländerfeindlichkeit

Der verstorbene Bischof von Osnabrück, Helmut Hermann Wittler, war Ausländerbeauftragter der Deutschen Bischofskonferenz. In dieser Eigenschaft schrieb er im Jahre 1981:

Nunmehr ist die Kirche gut 25 Jahre in der Seelsorge und caritativen Betreuung im Ausländerbereich tätig. Nach der Seelsorge für osteuropäische Emigranten baute sie nach dem Krieg zunächst die Seelsorge und caritative Betreuung für Italiener auf.
Andere süd- und südosteuropäische Emigranten kamen hinzu. Bei der caritativ-sozialen Betreuung waren es 1955 fünf italienische Sozialarbeiter. Bis Ende 1980 wurden daraus 333 Beratungsstellen mit 405 Sozialberatern für Arbeitnehmer aus Asien, Griechenland, Italien, Jugoslawien, Portugal und Spanien. Die Caritas hat diese Stellen ohne Staatsauftrag und bis 1964 ohne staatliche Hilfen errichtet. 90 Prozent der Sozialarbeiter kamen aus den Heimatstaaten der zu Beratenden.
Für die Katholiken fremder Muttersprache baute die Kirche nach den rechtlichen Vorgaben des Heiligen Stuhls eine nationale Seelsorge auf; über 500 Seelsorger, meist aus den jeweiligen Heimatstaaten, gibt es für rund 2,5 Millionen Katholiken verschiedener Muttersprachen. Die Einrichtung der »Ausländermissionen« als Personalpfarreien beruht auf der Achtung der eigenständigen Werte des tradierten Kulturgutes ausländischer Katholiken; jedoch erwuchs aus der Eigenständigkeit ein gewisses Nebeneinander zur lokalen Kirche, das in Zukunft zu einem Miteinander zu entwickeln ist.
Der Staat betrieb seine Anwerbepolitik bis nach Asien. Den Arbeitnehmern folgten, zumeist zögernd, die Familien.
Der Staat sprach von einer Wanderung und Integration der Ausländer auf Zeit und von einem vorübergehenden Phänomen, das nur den Arbeitsmarkt betreffe. Kirche und Caritas hatten bis 1969 keinen Anlaß, an dieser These zu zweifeln. Aber weder Staat noch Kirche hatten erkannt, daß die Freizügigkeit für Arbeitskräfte und deren Familien zu einer ständigen Hin- und Herwanderung führen und daß ein Teil der Arbeitsemigranten sich auf längere Zeit oder auf Dauer auch mit ihren Familien bei uns ansiedeln würde. Entsprechend provisorisch war die Infrastruktur bei Staat und Kirche.

Vor allem das Schul- und Bildungswesen paßte sich erst langsam den Bedürfnissen der Ausländer an. Grundsatz ist bis heute die vollständige Integration der ausländischen Kinder in die deutsche Schulausbildung. Außer einigen Modellen zweisprachiger Schulen im kirchlichen Bereich ging man in der Schulkonzeption (»deutsche Regelklasse«) von einer Assimilation der zweiten Ausländergeneration aus – schon zu einer Zeit, als die Rotation, das heißt die Heimkehr der Ausländer, noch vertreten wurde. Dieser Widerspruch ist nicht einmal für jene Emigranten aus der Europäischen Gemeinschaft aufgehoben, die keine Notwendigkeit sehen, sich endgültig bei uns niederzulassen oder die deutsche Staatsangehörigkeit zu erwerben.

Zweifel der Kirche an der staatlichen Ausländerpolitik und dem schillernden Integrationsbegriff in staatlichen Programmen artikulierten sich erstmals auf dem Augsburger Pfingsttreffen 1971. Die Kirchen erhoben, zum Teil mit den Gewerkschaften, ihre Stimme gegen eine für falsch gehaltene Rotationspolitik von Arbeitskräften und Trennung von ihren Familien. Sie wandten sich gegen weitere Anwerbung von Ausländern, bevor nicht eine den Bedürfnissen der Ausländer dienende soziale Infrastruktur bei uns ausgebaut sei. Sie forderten entsprechend der zunehmenden Aufenthaltsdauer eine Verfestigung des Aufenthaltsrechts, da sonst den Ausländern eine Motivation zur staatlich geforderten Integration fehle.

Solche Ansätze finden sich dann in dem Synodenpapier »Die ausländischen Arbeitnehmer – Eine Frage von Kirche und Gesellschaft« (1973). Dieses Papier bricht mit einigen Irreführungen, die von der staatlichen Politik ausgingen. Das Wanderungsproblem wird als europäisches Dauerproblem erkannt, die Wanderung als zum Teil faktische Einwanderung bezeichnet, eine reine Arbeitsmarktpolitik für Ausländer verworfen, ein Anwerbestopp bis zum Ausbau der sozialen Infrastruktur gefordert, die Familienzusammenführung als unabdingbar bezeichnet, die Möglichkeit zu auch im Heimatland anerkannten Bildungsabschlüssen gefordert. Die Trennung von ausländischen und deutschen Kindern in Kindergarten und Schule wird abgelehnt, die Muttersprache als »erste Fremdsprache« gefordert.

Die Ölkrise brachte im November 1973 den geforderten Anwerbestopp, nicht aber einen Ausbau der sozialen Infrastruktur. Vielmehr gewann eine sogenannte »Konsolidierungspolitik« die Oberhand, die durch Werbung und administrativen Druck Ausländer zur Heimkehr bewegen sollte, zum Beispiel durch restriktive Auslegung der Vorschriften über Arbeitslosengeld und -hilfe, Zuzugssperren in Ballungsgebieten, Verbot der Arbeitserlaubnis für nach dem 1. Dezember 1974 nachgereiste Familienangehörige, Schlechterstellung beim Kindergeld für die in der Heimat verbliebenen Kinder. Die Kirche

versuchte, durch Einzelappelle die Restriktionen und in besonderen Fällen Schikane zu mildern.
Deutlich prangert die Erklärung der Arbeitsgemeinschaft christlicher Kirchen vom 14. Januar 1974 diese Konsolidierungspolitik an. Der zuständige kirchliche Arbeitskreis in Bonn verfolgte wachsam die Arbeit der Bund-Länder-Kommission, die am 16. Februar 1977 ihre Beschlüsse und Empfehlungen vorlegte. Die Konsolidierungspolitik wurde kirchlicherseits als Versicherungspolitik erkannt, die in ihren Folgen auch gegen die Italiener aus der EG gerichtet war. Anregungen einzelner Bundesländer, den Familiennachzug von Kindern ab 16 Jahren zu verbieten, wurde eine Abfuhr erteilt. Dennoch gibt es immer noch ähnliche Forderungen.
Bei einem Hearing im Bundestag zur zweiten Ausländergeneration am 23. April 1979 regte die Kirche unter anderem mehr Phantasie bei Bildungsabschlüssen besonders für EG-Angehörige an, da sonst die EG-Freizügigkeit nicht mehr gewährleistet sei. Das Ausländerrecht als polizeiliches Abwehrrecht wurde als der europäischen Wanderung unangemessen, für reformbedürftig erklärt. Assimilation ohne Zustimmung der Ausländer wurde abgelehnt und als Prozeß mehrerer Generationen bezeichnet.
Eine Stellungnahme der Gemeinsamen Konferenz der Deutschen Bischofskonferenz und des Zentralkomitees der deutschen Katholiken vom 1. Juni 1979 befaßte sich mit der Wende, die sich auf dem Arbeitsmarkt abzeichnete. Die Konsolidierungspolitik hatte zwar einen Fortgang von über 600000 ausländischen Arbeitnehmern bewirkt, doch der steigende Familiennachzug hat die Zahl der ausländischen Wohnbevölkerung bis auf heute über 4,5 Millionen Menschen anwachsen lassen.

Eine lange Liste von Forderungen

Die Erklärung nennt die Ausländer Partner der Deutschen. Wir seien zwar kein Einwanderungsland im klassischen Sinn, aber es lägen Einwanderungselemente vor. Die wachsende Zahl von Muslimen sei ein neues Phänomen. Eine Integration des einzelnen Ausländers in deutsche Strukturen sei weniger realistisch als eine Integration der Ausländer durch landsmannschaftliche Gruppen.
Die seit zehn Jahren erhobenen Forderungen werden abermals genannt:
Verbesserung des Aufenthaltsrechts; Recht der Familie zum Zusammenleben; Chancengleichheit für die zweite Generation;
Verbesserung der sozialen Infrastruktur vor Ort.
Zum Memorandum des Bundesbeauftragten der Bundesregierung,

Ministerpräsident a. D. Heinz Kühn, habe ich mich in einem Schreiben an die Bundesregierung am 26. Januar 1980 grundsätzlich positiv geäußert, aber Vorbehalte gemacht gegen die weiter vom Arbeitsmarkt bestimmten Maßnahmevorschläge und die Gefahr der Trennung der Familien durch die Bevorzugung der Kinder bei der Einbürgerung – im Gegensatz zu deren Eltern.

Ein Brief des Kommissariats der Deutschen Bischöfe vom 11. März 1980 an die Bundesregierung regte an, die Lage der Eltern zusammen mit der zweiten Generation zu verbessern; eine Integrationspolitik nicht auf »Integrationsfähige« und »Integrationswillige« zu begrenzen und über die Arbeitsverwaltung keinen Assimilationsdruck auszuüben.

Das Schreiben macht aber einen Vorbehalt: Die Erfahrung zeige, daß die bisherige Integrationspolitik die meisten formulierten Ziele nicht erreicht habe. Wenn die auf Assimilation ausgerichtete Politik scheitere, müsse man den ausländischen Volksgruppen eine eigenständige Entwicklung ermöglichen.

Zum Tag des ausländischen Mitbürgers 1980 haben die Kirchen die Idee »Verschiedene Kulturen – gleiche Rechte – für eine gemeinsame Zukunft« vorgetragen. Dieses Motto trägt dem Partnerschaftsgedanken am besten Rechnung. Der multikulturelle Ansatz ist der Bevölkerung allerdings noch nicht genügend vertraut. Er könnte aber ein Weg sein, nicht realisierbaren nationalistischen Vorstellungen einer rein deutschen Gesellschaft ohne Fremde, die einhergehen mit Fremdenangst und Fremdenfeindlichkeit, eine positive, europäisch orientierte Alternative gegenüberzustellen.

Die Fremdenangst in unserem Volk macht der Kirche Sorge. Sie ist keine typisch deutsche Erscheinung, angesichts unserer Lage und Geschichte aber für uns gefahrvoller als für andere Völker. Sie ist verständlich, weil politisch die Probleme verniedlicht und vertagt wurden. Man hat der Bevölkerung vorgespiegelt, die Einwanderung sei vorübergehend, man hat nicht gezeigt, daß wir auf Gedeih und Verderb wie fast alle Industriestaaten mit Ausländern zusammenleben müssen.

Ein wenig mehr Selbstbewußtsein ist einer großen Nation eher würdig als die unrealistische Angst, die deutsche Kultur würde überfremdet werden. Eine gewisse Rezeption fremder Kultur, zum Beispiel früher der französischen, heute der angloamerikanischen, hat immer stattgefunden. Besser wäre es, Wege zu finden, die positiven Werte der Kommunikation, des Familienzusammenhalts, der Religiosität und Sparsamkeit der Ausländer für uns fruchtbar zu machen.

Zur Fremdenfeindlichkeit nimmt auch die Regierungserklärung des

Bundeskanzlers vom 24. November 1980 Stellung. Wir können dem Bundeskanzler darin nur zustimmen, daß die Zusammenarbeit aller erforderlich ist, der Fremdenfeindlichkeit entgegenzutreten.

Rassismus hat in Europa keinen Platz

Denen, die aus rassischen Gründen den Aufenthalt von Ausländern ablehnen, kann man nur sagen, daß alle europäischen Völker aus vielen ethnischen Elementen zusammengesetzt sind. Rassismus ist für Europa keine positive Zukunftsperspektive. Mit den Ängstlichen werden wir einen geduldigen Dialog führen und für die Nächstenliebe gegenüber Fremden und ein »Europa im eigenen Land« werben. Diesem Anliegen soll das gerade vom Evangelischen Kirchentag und dem Zentralkomitee der deutschen Katholiken beschlossene Ausländerprogramm bis 1986 dienen.

Die Schwerpunkte der Ausländerfrage liegen unseres Erachtens künftig in der Kulturpolitik, im Ausbau der Rahmenbedingungen für die EG-Freizügigkeit und in unserem Verhältnis zu unseren orthodoxen und muslimischen Mitbrüdern. Die Ausfüllung des Integrationsbegriffes mehr im Sinn von Partnerschaft oder von Assimilation ist unseres Erachtens noch offen. Eine einseitige Anpassung der Ausländer bringt keine befriedigenden Ergebnisse. Bestrebungen, über Beschränkungen der Familienzusammenführung Ausländer zu verdrängen, erteilen wir eine Absage.

Der Ausbau einer bedarfsgerechten Infrastruktur für Ausländer in oder neben unseren Einrichtungen für Deutsche ist in Staat, Gesellschaft und Kirche erst in Angriff genommen. Der Sozialstaat ist für alle Einwohner da. Kindergarten, Bildungs- und Ausbildungsbereich sind defizitär. In den Medien kommt der ausländische Mitbürger selbst nicht ausreichend zu Wort. Organisationen von Ausländern – außer im Sport – werden beargwöhnt, vor allem die der Türken dienen zunehmend als Prügelknabe.

Auch theologische und kirchenpolitische Fragen bedürfen weiterer Reflexionen. Die Aussage, daß der Fremde unser Nächster ist, ist in der Kirche nicht überall selbstverständlich. Auch in den Gemeinden leben die Volksgruppen ohne Kenntnis nebeneinander her. Im katholischen Privatschulsektor beispielsweise ist vieles ausbaufähig. Kirche und Politik bedürfen eines verstärkten Zwiegesprächs.

aus: Rheinischer Merkur/Christ und Welt Nr. 49, 4. 12. 1981.

Aussagen zu den Themen »Ausländer«, Ausländerseelsorge«, »Ausländerfeindlichkeit«

Bischof Helmut Hermann Wittler, Die Fremdenangst ist gefährlich; in: Rheinischer Merkur/Christ und Welt Nr. 49, 4. Dezember 1981.

Ders., Im Ausländer den Bruder sehen; in: Rheinischer Merkur/Christ und Welt Nr. 1, 1. Januar 1982.
Hans-Günther Thiele, Ein Christ kann kein Ausländerfeind sein. WK-Interview mit dem Osnabrücker Bischof Wittler; in: Weser-Kurier, 20. Juni 1982.
Die ausländischen Arbeitnehmer – eine Frage an die Kirche und die Gesellschaft. Ein Beschluß der Gemeinsamen Synode der Bistümer in der Bundesrepublik Deutschland. Einleitung Marita Estor (= Heftreihe: Synodenbeschlüsse 3), Sonderdruck aus der offiziellen Gesamtausgabe I.
Dto., in: Gemeinsame Synode der Bistümer in der Bundesrepublik Deutschland. Beschlüsse der Vollversammlung, Offizielle Gesamtausgabe I, Freiburg 1976, S. 365–410.
Kirche und Fremdenangst. Erklärung des Vorsitzenden der Deutschen Bischofskonferenz, Kardinal Joseph Höffner, vom 23. Juni 1982; in: Amtsblatt des Erzbistums Köln 122 (1982), 138–140.
Papst Johannes Paul II., Die Kultur des andern achten. Botschaft zum Welttag des Emigranten vom 16. Juli 1985; in: DAS 1985, S. 1471–1476.
Ders., Gleiche gesetzliche Garantien für Bürger und Einwanderer. Ansprache an die Teilnehmer des 2. Weltkongresses für die Seelsorge am Menschen unterwegs vom 17. Oktober 1985; in: DAS 1985, S. 1581–1585.
Päpstliche Kommission Justitia et Pax, Die Kirche und der Rassismus. Für eine brüderliche Gesellschaft, vom 3. 11. 1988 (veröffentlicht am 10. 2. 1989 in Rom). Hrsg. Sekretariat der Deutschen Bischofskonferenz, Bonn 1989 (= Arbeitshilfen 67).

8.5 Befreiungstheologie

Papst Johannes Paul II. hielt am 2. Juli 1980 in Rio de Janeiro eine Ansprache. Dabei sagte er unter anderem:

Die Kirche in der ganzen Welt will die Kirche der Armen sein. Die Kirche auf brasilianischem Boden will auch die Kirche der Armen sein – d.h., sie will die ganze in den Seligpreisungen Christi enthaltene Wahrheit gewinnen, hauptsächlich die der ersten: »Selig, die arm sind vor Gott ...« Die Kirche auf brasilianischem Boden will diese Wahrheit lehren und sie in die Tat umsetzen, so wie Jesus kam, um zu wirken und zu lehren.
Die Kirche will also aus der Lehre der acht Seligpreisungen all das gewinnen, was sich in ihnen auf jeden Menschen bezieht: auf den, der arm ist, der im Elend lebt, auf den, der in Überfluß und Wohlergehen lebt, und schließlich auf den, der im Überfluß besitzt und mehr als genug hat. Dieselbe Wahrheit der ersten Seligpreisung bezieht sich auf jeden einzelnen in verschiedener Weise. Den Armen – jenen, die in der Armut leben – sagt die Kirche, daß sie Gott und sei-

nem Reich besonders nahe sind. Aber gleichzeitig sagt sie, daß sie sich nicht beliebig – und keinem ist es erlaubt – im eigenen Elend und dem der Familie abkapseln dürfen; es ist notwendig, alles zu tun, was erlaubt ist, um für sich und die Seinen all das sicherzustellen, was zum Leben und zum Lebensunterhalt notwendig ist. Gerade in der Armut muß man die menschliche Würde bewahren und jene Seelengröße, jene Öffnung des Herzens für die anderen, die Verfügbarkeit, durch die sich eben die Armen auszeichnen – die Armen vor Gott.

Jenen, die im Überfluß leben, oder denen es wenigstens so gut geht, daß sie das Notwendige haben (wenn auch vielleicht nicht viel übrigbleibt), sagt die Kirche, die die Kirche der Armen sein will: »Genießt die Früchte eurer Arbeit und einer erlaubten Strebsamkeit, aber im Namen der Worte Christi, im Namen der menschlichen Brüderlichkeit und der sozialen Solidarität, verschließt euch nicht in euch selber! Denkt an die Ärmeren!

Denkt an jene, die nicht das Notwendige haben, die in chronischem Elend leben, die Hunger leiden! Teilt mit ihnen! Teilt planvoll und systematisch! Materieller Überfluß beraube euch nicht der geistigen Früchte der Bergpredigt, trenne euch nicht von den Seligpreisungen der Armen vor Gott.

Und die Kirche sagt das gleiche mit noch größerem Nachdruck jenen, die zuviel haben, die im Überfluß leben, die im Luxus leben: »Schaut ein wenig um euch! Tut es euch nicht im Herzen weh? Habt ihr bei eurem Reichtum und Überfluß keine Gewissensbisse? Wenn nicht – wenn ihr immer noch mehr haben wollt, wenn eure Idole Gewinn und Vergnügen heißen –, erinnert euch, daß der Wert des Menschen nicht an dem gemessen wird, was er hat, sondern an dem, was er ist. Dabei erinnere sich derjenige, der viel aufgehäuft hat und glaubt, er habe damit alles zusammengefaßt, daran, daß er (in seinem Innersten und in den Augen Gottes) viel weniger wert ist als einer jener Armen und Unbekannten, der vielleicht weniger Mensch zu sein scheint als dieser.

Das Maß der Reichtümer, des Geldes und des Luxus ist nicht dem Maß der wirklichen Würde des Menschen gleich.

Deshalb sollen jene, die einen so ernormen Überfluß haben, vermeiden, sich in sich selbst zu verschließen, den eigenen Reichtum zu lieben und geistig blind zu sein. Sie sollen dies mit allen Kräften vermeiden. Die ganze Wahrheit des Evangeliums höre nicht auf, sie zu begleiten und vor allem die in diesen Worten ausgedrückte Wahrheit: »Selig, die arm sind vor Gott, denn ihnen gehört das Himmelreich ...« (Mt 5,3).

Möge diese Wahrheit sie beunruhigen! Sie sei für sie ständige Mah-

nung und Herausforderung. Es sei ihnen nicht einmal für eine Minute erlaubt, durch Egoismus und Befriedigung der eigenen Wünsche blind zu sein.
Wenn du viel hast, wenn du zuviel hast, erinnert sie dich, daß du viel geben mußt, daß es soviel Gelegenheit gibt zu geben. Und du hast die Pflicht zu überlegen, wie du gibst und wie du das ganze soziale und ökonomische Leben und jeden deiner Bereiche mit dem Ziel gestaltest, daß dieses Leben zur Gleichheit unter den Menschen und nicht zu einer Kluft zwischen ihnen führt.
Wenn du viel weißt und zur gesellschaftlichen Oberschicht gehörst, darfst du auch nicht eine Sekunde lang vergessen: je höher jemand steht, desto mehr muß er dienen! Den anderen dienen. Sonst stehst du in Gefahr, daß du dich, d. h. dein Leben, vor den Seligpreisungen, besonders von der ersten: »Selig, die arm sind vor Gott«, entfernst. Die »Armen vor Gott« sind auch die »Reichen«, die ihrem Reichtum entsprechend unermüdlich »sich anderen hingeben« und »anderen dienen«.

aus: Papst Johannes Paul II., Selig, die arm sind vor Gott. Ansprache beim Besuch im Elendsviertel Vidigal in Rio de Janeiro am 2. Juli 1980, Nr. 4, in: Predigten und Ansprachen von Papst Johannes Paul II. bei seiner apostolischen Reise nach Brasilien 30. Juni bis 11. Juli 1980. Hrsg. Sekretariat der Deutschen Bischofskonferenz, Bonn 1980 (= VAS 22), S. 41 f.

Am 6. August 1984 veröffentlichte die römische Kongregation für die Glaubenslehre eine Instruktion über einige Gesichtspunkte der Befreiungstheologie. In dem Text heißt es in Kapitel III:

1. Die Sehnsucht nach Befreiung kann, in sich betrachtet, im Herzen und im Geist der Christen nur ein starkes und brüderliches Echo finden.
2. Im Einklang mit dieser Sehnsucht ist jene theologische und pastorale Bewegung entstanden, die unter dem Namen »Befreiungstheologie« bekannt ist, zuerst in den Ländern Lateinamerikas, die vom religiösen und kulturellen Erbe des Christentums geprägt sind, dann auch in anderen Gegenden der Dritten Welt wie auch in bestimmten Gebieten der industrialisierten Länder.
3. Der Ausdruck »Befreiungstheologie« bezeichnet zunächst eine besondere, das Engagement für die Gerechtigkeit weckende Betroffenheit zugunsten der Armen und der Opfer der Unterdrückung. Von diesem Ansatz aus kann man verschiedene, oft miteinander unver-

einbare Weisen unterscheiden, die Bedeutung der christlichen Armut aufzufassen sowie die Art des Einsatzes für die Gerechtigkeit, die sie verlangt. Wie jede Ideenbewegung nehmen auch die »Befreiungstheologien« unterschiedliche theologische Positionen ein; ihre lehrmäßigen Grenzen sind nicht genau abgesteckt.

4. Die Sehnsucht nach *Befreiung* entspricht, wie der Ausdruck es selber nahelegt, einem Grundthema des Alten und Neuen Testaments. So ist auch der Ausdruck »Befreiungstheologie« für sich genommen ein vollgültiger Ausdruck: Er bezeichnet dann eine theologische Reflexion, die sich mit dem biblischen Thema der Befreiung, der Freiheit und ihren drängenden praktischen Konsequenzen befaßt. Das Zusammentreffen der Sehnsucht nach Befreiung mit den Befreiungstheologien ist daher nicht zufällig. Die Bedeutung dieses Zusammentreffens kann nur im Licht der Eigenart der Offenbarungsbotschaft korrekt verstanden werden, welche das Lehramt der Kirche authentisch auslegt.

aus: Instruktion der Kongregation für die Glaubenslehre über einige Aspekte der »Theologie der Befreiung« vom 6. August 1984. Hrsg. Sekretariat der Deutschen Bischofskonferenz, Bonn 1984 (= VAS 57), S. 7.

Weitere Stellungnahmen und Äußerungen zur Befreiungstheologie:

Die Kirche in der gegenwärtigen Umwandlung Lateinamerikas im Lichte des Konzils. Sämtliche Beschlüsse der II. Generalversammlung des Lateinamerikanischen Episkopates, Medellin, 24. August bis 6. September 1968. Hrsg. Sekretariat der Deutschen Bischofskonferenz, Bonn o. J. (= Stimmen der Weltkirche 8), S. 11–133.

Sämtliche Beschlüsse der II. Generalversammlung des Lateinamerikanischen Episkopates, Medellin, 24. August bis 6. September 1968. Hrsg. Geschäftsstelle der Bischöflichen Aktion ADVENIAT, Essen. Oberhausen–Düsseldorf 1972 (= adveniat. Dokumente/Projekte 1–3).

Die Evangelisierung Lateinamerikas in Gegenwart und Zukunft. Dokument der III. Generalkonferenz des Lateinamerikanischen Episkopates, Puebla, 26. Januar bis 13. Februar 1979 (Deutsche Übersetzung der durch den Hl. Vater approbierten Texte). Hrsg. Sekretariat der Deutschen Bischofskonferenz, Bonn o. J. (= Stimmen der Weltkirche 8), S. 135–356.

Instruktion der Kongregation für die Glaubenslehre über einige Aspekte der »Theologie der Befreiung« vom 6. August 1984. Hrsg. Sekretariat der Deutschen Bischofskonferenz, Bonn 1984, 2. Aufl. (= VAS 57).

Notifikation der Kongregation für die Glaubenslehre zu dem Buch »Kirche: Charisma und Macht. Versuch einer militanten Ekklesiologie« von Pater Leonardo Boff OFM vom 11. März 1985. Hrsg. Sekretariat der Deutschen Bischofskonferenz, Bonn 1985 (= VAS 67).

Instruktion der Kongregation für die Glaubenslehre über die christliche Freiheit und die Befreiung vom 22. März 1986. Hrsg. Sekretariat der Deutschen Bischofskonferenz, Bonn 1986 (= VAS 70).

Joseph Kardinal Höffner, Soziallehre der Kirche oder Theologie der Befreiung? Eröffnungsreferat bei der Herbstvollversammlung der Deutschen Bischofskonferenz, Fulda, 24. September 1984. Hrsg. Sekretariat der Deutschen Bischofskonferenz, Bonn 1984 (= Der Vorsitzende 11).
Paulo Evaristo Arns, Kardinal der Ausgebeuteten. Hrsg. v. Horst Goldstein, Freiburg/Brsg. 1987 (= Repräsentanten der Befreiungstheologie).
Dom Hélder Câmara, Gott lebt in den Armen, Freiburg/Brsg. 1986 (= Repräsentanten der Befreiungstheologie). (ehem. Erzbischof von Olinda und Recife).
Eduardo F. Pironio, Der neue Mensch – Theologische Besinnung auf das Wesen der Befreiung, in: Gott im Aufbruch. Die Provokation der lateinamerikanischen Theologie, Hrsg. Peter Hünermann u. Gerd-Dieter Fischer, Freiburg–Basel–Wien 1974, S. 41–69. (Bischof von Mar del Plata)
Leonardo Boff, Kirche: Charisma und Macht. Studien zu einer streitbaren Ekklesiologie, Düsseldorf 1985.
Konflikt um die Theologie der Befreiung. Diskussion und Dokumentation. Hrsg. v. Norbert Greinacher, Zürich–Einsiedeln–Köln 1985.
Angriff und Abwehr. Berichte, Kommentare, Dokumente zum Streit um ADVENIAT und die »Theologie der Befreiung«, Aschaffenburg 1978 (= Veröffentlichungen des Studienkreises Kirche und Befreiung 7).

8.6 Bevölkerungsentwicklung

In der Enzyklika »Sollicitudo rei socialis« von Papst Johannes Paul II. heißt es beispielsweise:

25. An dieser Stelle muß auch an das *Problem der Bevölkerungsentwicklung* erinnert werden und an die Weise, darüber heute nach den Maßstäben zu reden, die Paul VI. in seiner Enzyklika aufgezeigt und die ich selbst im Apostolischen Schreiben »Familiaris Consortio« ausführlich dargelegt habe.

Unleugbar gibt es, vor allem im Süden unseres Planeten, ein derartiges *demographisches Problem*, daß es Schwierigkeiten für die Entwicklung bereitet. Es ist aber angebracht, gleich hinzuzufügen, daß sich dieses Problem im Norden mit umgekehrten Vorzeichen darstellt: Was hier Sorgen macht, ist der *Abfall der Geburtenziffer* mit Auswirkungen auf die Altersstruktur der Bevölkerung, die sogar unfähig wird, sich biologisch zu erneuern. Auch dieses Phänomen ist von sich aus geeignet, die Entwicklung zu behindern. Wie es ungenau ist zu behaupten, solche Schwierigkeiten kämen nur vom Bevölkerungswachstum her, so ist es auch nicht erwiesen, daß *jegliches* Bevölkerungswachstum unvereinbar sei mit einer geordneten Entwicklung. Andererseits erscheint es sehr alarmierend, in vielen Ländern auf Initiative ihrer Regierungen die Propagierung von *systematischen Kampagnen* zur Geburtenkontrolle festzustellen, und das im Gegensatz nicht nur zur kulturellen und religiösen Identität der Länder selbst, sondern auch zum Wesen einer echten Entwicklung. Oft geschieht es, daß diese Kampagnen unter Druck zustande kommen und durch Kapital aus dem Ausland finanziert werden, ja, daß wirtschaftliche und finanzielle Hilfe und Unterstützung ihnen manchmal sogar untergeordnet werden. In jedem Fall handelt es sich um einen *absoluten Mangel an Respekt* vor der Entscheidungsfreiheit der betroffenen Personen, Männer und Frauen, die nicht selten unerträglichem Druck, auch wirtschaftlicher Art, ausgesetzt sind, um sie für diese neue Form der Unterdrückung gefügig zu machen. Gerade die ärmsten Völker erleiden diese Mißhandlungen; und es endet mitunter damit, daß die Tendenz zu einem gewissen Rassismus geweckt oder die Anwendung gewisser Formen von Eugenetik gefördert werden, die gleichermaßen rassistisch sind.

aus: Papst Johannes Paul II., Enzyklika »Sollicitudo rei socialis«. Zwanzig Jahre nach der Enzyklika »Populorum progressio«, 30. Dezember 1987. Hrsg. Sekretariat der Deutschen Bischofskonferenz, Bonn 1988 (= VAS 82), S. 28.

Bei seinem ersten Deutschlandbesuch 1980 sagte Papst Johannes Paul II. in Köln:

Ich appelliere vor allem aber an euer Gewissen und an eure persönliche Verantwortung, liebe Brüder und Schwestern. In eurem Gewissen müßt ihr im Angesicht Gottes die Entscheidung über die Zahl eurer Kinder fällen.
Als Eheleute seid ihr aufgerufen zu einer verantwortlichen Elternschaft. Diese aber meint eine solche Familienplanung, die die ethischen Normen und Kriterien beobachtet, wie es auch von der letzten Bischofssynode mit großem Nachdruck unterstrichen worden ist. Mit großem Nachdruck möchte ich euch in diesem Zusammenhang heute besonders in Erinnerung rufen: Die Tötung ungeborenen Lebens ist kein legitimes Mittel der Familienplanung! Ich wiederhole, was ich am 31. Mai dieses Jahres den Arbeitern in der Pariser Vorstadt Saint-Denis gesagt habe: »Das erste Recht des Menschen ist das Recht auf Leben. Wir müssen dieses Recht und diesen Wert verteidigen. Andernfalls würde die ganze Logik des Glaubens an den Menschen, das ganze Programm eines wahrhaft menschlichen Fortschritts erschüttert werden und in sich zusammenbrechen.« Es geht in der Tat darum, dem Leben zu dienen.

aus: Papst Johannes Paul II., Predigt zum Thema »Ehe und Familie« in Köln am 15. November 1980, in: Papst Johannes Paul II. in Deutschland, Hrsg. Sekretariat der Deutschen Bischofskonferenz, Bonn 1980 (= VAS 25A), S. 20.

In seinem Schreiben »Familiaris consortio« führt der Papst aus:

Die Kirche auf der Seite des Lebens

30. Die Lehre der Kirche trifft heute auf eine gesellschaftliche und kulturelle Situation, die sie schwerer verständlich und gleichzeitig dringender und unersetzlicher macht für die Förderung des wahren Wohls von Mann und Frau. Denn der dauernde technisch-wissenschaftliche Fortschritt des heutigen Menschen in der Beherrschung der Natur führt nicht nur zur Hoffnung auf eine neue und bessere Menschheit, sondern auch zu einer immer größeren Angst vor der Zukunft. Manche fragen sich, ob es überhaupt gut sei zu leben oder ob es nicht besser wäre, gar nicht geboren zu werden; sie zweifeln, ob es überhaupt erlaubt sei, anderen das Leben zu schenken, die vielleicht einmal ihr Dasein in einer grausamen Welt verfluchen werden, deren Schrecken kaum vorhersehbar sind. Andere beanspruchen die Vorteile des technischen Fortschritts für sich allein und schließen die anderen davon aus, denen sie statt dessen empfängnisverhütende Mittel oder noch ärgere Methoden aufnötigen. Wieder andere sind Opfer der Konsummentalität und der ausschließlichen Sorge um ständige Zunahme der materiellen Güter und können den geistigen Wert eines neuen menschlichen Lebens nicht mehr begreifen und bejahen. Letzte Ursache dieser Haltung ist die Abwesenheit Gottes im Herzen der Menschen, dessen Liebe allein alle Ängste der Welt überwiegt und überwindet.
So ist eine lebensfeindliche Haltung (*antilife mentality*) entstanden, die sich bei vielen aktuellen Fragen bemerkbar macht. Man denke zum Beispiel an eine gewisse Panik, die von demographischen Studien der Ökologen und Futurologen ausgelöst wird, die manchmal die Gefährdung der Lebensqualität durch das Bevölkerungswachstum übertreiben.
Aber die Kirche ist fest überzeugt, daß das menschliche Leben, auch das schwache und leidende, immer ein herrliches Geschenk der göttlichen Güte ist. Gegen Pessimismus und Egoismus, die die Welt verdunkeln, steht die Kirche auf der Seite des Lebens; in jedem menschlichen Leben weiß sie den Glanz jenes »Ja«, jenes »Amen« zu entdek-

ken, das Christus selbst ist. Dem »Nein«, das in die Welt einbricht und einwirkt, setzt sie dieses lebendige »Ja« entgegen und verteidigt so den Menschen und die Welt vor denen, die das Leben bekämpfen und ersticken.

Die Kirche ist berufen, aufs neue und mit klarerer und festerer Überzeugung allen ihre Entschlossenheit zu zeigen, das menschliche Leben, ganz gleich, in welcher Lage und in welchem Stadium der Entwicklung es sich befindet, mit allen Mitteln zu fördern und gegen alle Angriffe zu verteidigen.

Deshalb verurteilt die Kirche als schwere Beleidigung der menschlichen Würde und der Gerechtigkeit alle Aktivitäten von Regierungen oder anderen öffentlichen Autoritäten, die in irgendeiner Weise die Freiheit der Ehegatten, über Nachkommenschaft zu entscheiden, zu beschränken versuchen. Dementsprechend ist jede gewaltsame Maßnahme dieser Autoritäten zugunsten der Empfängnisverhütung oder gar der Sterilisation und der Abtreibung völlig zu verurteilen und mit aller Kraft zurückzuweisen. Auf die gleiche Weise ist die Tatsache als schweres Unrecht zu bezeichnen, daß in den internationalen Beziehungen die Wirtschaftshilfe zur Förderung der unterentwickelten Völker von Programmen zur Empfängnisverhütung, Sterilisation und Abtreibung abhängig gemacht wird.

aus: Papst Johannes Paul II., Apostolisches Schreiben »Familiaris consortio« über die Aufgaben der christlichen Familie in der Welt von heute, 22. November 1981 (= VAS 33), S. 32f.

Aussagen zur Bevölkerungsentwicklung:

Papst Johannes XXIII., Enzyklika »Mater et magistra« über die jüngsten Entwicklungen des gesellschaftlichen Lebens und seine Gestaltung im Licht der christlichen Lehre, vom 15. Mai 1961; in: Die katholische Sozialdoktrin in ihrer geschichtlichen Entfaltung. Eine Sammlung päpstlicher Dokumente vom 15. Jahrhundert bis in die Gegenwart (Originaltexte mit Übersetzung). Hrsg. Arthur Utz – Brigitta Gräfin v. Galen, Aachen 1976, Band I, S. 717–721: Bevölkerungszuwachs und wirtschaftliche Entwicklung.

Papst Paul VI., Enzyklika »Populorum progressio« über die Entwicklung der Völker, vom 26. März 1967; in: Die katholische Sozialdoktrin Bd. I, S. 769: Bevölkerungsfragen.

Papst Johannes Paul II., Predigt zum Thema Ehe und Familie auf dem Butzweiler Hof in Köln am 15. November 1980; in: Predigten und Ansprachen von Papst Johannes Paul II. bei seinem Pastoralbesuch in Deutschland sowie Begrüßungsworte und Reden, die an den Heiligen Vater gerichtet wurden, 15. bis 19. November 1980. Offizielle Ausgabe, 3. veränd. Aufl. Hrsg. Sekretariat der Deutschen Bischofskonferenz, Bonn 1981 (= VAS 25 A).

Ders., Apostolisches Schreiben »Familiaris consortio« über die Aufgaben der christlichen Familie in der Welt von heute, vom 22. November 1981. Hrsg. Sekretariat der Deutschen Bischofskonferenz, Bonn 1981 (= VAS 33).

Papst Johannes Paul II., Enzyklika »Sollicitudo rei socialis«. Zwanzig Jahre nach der Enzyklika »Populorum progressio«, vom 30. Dezember 1987. Hrsg. Sekretariat der Deutschen Bischofskonferenz, Bonn 1988 (= VAS 82).

8.7 Empfängnisverhütung

1968 veröffentlichte der damalige Papst Paul VI. seine Enzyklika »Humanae vitae«. Darin heißt es:

11. Jene Akte, die eine intime und keusche Vereinigung der Gatten darstellen und die das menschliche Leben weitertragen, sind, wie das letzte Konzil betont hat, »zu achten und zu ehren«; sie bleiben auch sittlich erlaubt bei vorauszusehender Unfruchtbarkeit, wenn deren Ursache keineswegs im Willen der Gatten liegt; denn die Bestimmung dieser Akte, die Verbundenheit der Gatten zum Ausdruck zu bringen und zu bestärken, bleibt bestehen. Wie die Erfahrung lehrt, geht tatsächlich nicht aus jedem ehelichen Verkehr neues Leben hervor. Gott hat ja die natürlichen Gesetze und Zeiten der Fruchtbarkeit in seiner Weisheit so gefügt, daß diese schon von selbst Abstände in der Aufeinanderfolge der Geburten schaffen. Indem die Kirche die Menschen zur Beobachtung des von ihr in beständiger Lehre ausgelegten natürlichen Sittengesetzes anhält, lehrt sie nun, daß »jeder eheliche Akt« von sich aus auf die Erzeugung menschlichen Lebens hingeordnet bleiben muß.
12. Diese vom kirchlichen Lehramt oft dargelegte Lehre gründet in einer von Gott bestimmten unlösbaren Verknüpfung der beiden Sinngehalte – liebende Vereinigung und Fortpflanzung –, die beide dem ehelichen Akt innewohnen. Diese Verknüpfung darf der Mensch nicht eigenmächtig auflösen.
Seiner innersten Struktur nach befähigt der eheliche Akt, indem er den Gatten und die Gattin aufs engste miteinander vereint, zugleich zur Zeugung neuen Lebens, entsprechend den Gesetzen, die in die Natur des Mannes und der Frau eingeschrieben sind. Wenn die beiden wesentlichen Gesichtspunkte der liebenden Vereinigung und der Fortpflanzung beachtet werden, behält der Verkehr in der Ehe voll und ganz den Sinngehalt gegenseitiger und wahrer Liebe und seine Hinordnung auf die erhabene Aufgabe der Elternschaft, zu der der Mensch berufen ist. Unserer Meinung nach sind die Menschen unserer Zeit durchaus imstande, die Vernunftmäßigkeit dieser Lehre zu erfassen.
13. Man weist ja mit Recht darauf hin, daß ein dem Partner aufgenötigter Verkehr, der weder auf sein Befinden noch auf seine berechtig-

ten Wünsche Rücksicht nimmt, kein wahrer Akt der Liebe ist, daß solche Handlungsweise vielmehr dem widerspricht, was mit Recht die sittliche Ordnung für das Verhältnis der beiden Gatten zueinander verlangt. Ebenso muß man dann auch, wenn man darüber nachdenkt, zugeben: Ein Akt gegenseitiger Liebe widerspricht dem göttlichen Plan, nach dem die Ehe entworfen ist, und dem Willen des ersten Urhebers menschlichen Lebens, wenn er der vom Schöpfergott in ihn nach besonderen Gesetzen hineingelegten Eignung, zur Weckung neuen Lebens beizutragen, abträglich ist. Wenn jemand daher einerseits Gottes Gabe genießt und andererseits – wenn auch nur teilweise – Sinn und Ziel dieser Gabe ausschließt, handelt er somit im Widerspruch der Natur des Mannes und der Frau und deren inniger Verbundenheit; er stellt sich damit gegen Gottes Plan und heiligen Willen. Wer das Geschenk ehelicher Liebe genießt und sich dabei an die Zeugungsgesetze hält, der verhält sich nicht, als wäre er Herr über die Quellen des Lebens, sondern er stellt sich vielmehr in den Dienst des auf den Schöpfer zurückgehenden Planes. Wie nämlich der Mensch ganz allgemein keine unbeschränkte Verfügungsmacht über seinen Körper hat, so im besonderen auch nicht über die Zeugungskräfte als solche, sind doch diese ihrer innersten Natur nach auf die Weckung menschlichen Lebens angelegt, dessen Ursprung Gott ist. »Das menschliche Leben muß allen etwas Heiliges sein«, mahnt Unser Vorgänger Johannes XXIII., »denn es verlangt von seinem ersten Aufkeimen an das schöpferische Eingreifen Gottes.«

14. Gemäß diesen fundamentalen Grundsätzen menschlicher und christlicher Eheauffassung müssen Wir noch einmal öffentlich erklären: Der direkte Abbruch einer begonnenen Zeugung, vor allem die direkte Abtreibung – auch wenn zu Heilzwecken vorgenommen –, sind kein rechtmäßiger Weg, die Zahl der Kinder zu beschränken, und daher absolut zu verwerfen.

Gleicherweise muß, wie das kirchliche Lehramt des öfteren dargetan hat, die direkte, dauernde oder zeitlich begrenzte Sterilisierung des Mannes oder der Frau verurteilt werden.

Ebenso ist jede Handlung verwerflich, die entweder in Voraussicht oder während des Vollzugs des ehelichen Aktes oder im Anschluß an ihn beim Ablauf seiner natürlichen Auswirkungen darauf abstellt, die Fortpflanzung zu verhindern, sei es als Ziel, sei es als Mittel zum Ziel.

Man darf, um diese absichtlich unfruchtbar gemachten ehelichen Akte zu rechtfertigen, nicht als Argument geltend machen, man müsse das Übel wählen, das als das weniger schwere erscheine; auch nicht, daß solche Akte eine gewisse Einheit darstellen mit früheren oder nachfolgenden fruchtbaren Akten und deshalb an ihrer einen und gleichen Gutheit teilhaben. Wenn es auch zuweilen erlaubt ist, das kleinere sittliche Übel zu dulden, um ein größeres zu verhindern oder um etwas sittlich Höherwertiges zu fördern, so ist es dennoch niemals erlaubt – auch aus noch so ernsten Gründen nicht –, Böses zu tun um eines guten Zweckes willen: das heißt etwas zu wollen, was seiner Natur nach die sittliche Ordnung verletzt und deshalb als des Menschen unwürdig gelten muß; das gilt auch, wenn dies mit der Absicht geschieht, das Wohl des einzelnen, der Familie oder der menschlichen Gesellschaft zu schützen oder zu fördern. Völlig irrig ist deshalb die Meinung, ein absichtlich unfruchtbar gemachter und damit in sich unsittlicher ehelicher Akt könne durch die fruchtbaren ehelichen Akte des gesamtehelichen Lebens seine Rechtfertigung erhalten.

15. Die Kirche hält aber jene therapeutischen Maßnahmen, die zur Heilung körperlicher Krankheiten notwendig sind, nicht für unerlaubt, auch wenn daraus aller Voraussicht nach eine Zeugungsverhinderung eintritt. Voraussetzung dabei ist, daß diese Verhinderung nicht aus irgendeinem Grunde direkt angestrebt wird.

16. Allein dieser Lehre der Kirche über die Gestaltung der ehelichen Sittlichkeit halten einige heute entgegen, wie schon oben (Nr. 3) erwähnt, es sei Recht und Aufgabe der menschlichen Vernunft, die ihr von der Naturwelt dargebotenen Kräfte zu steuern und auf Ziele auszurichten, die dem Wohl des Menschen entsprechen. Ja, man fragt: Ist nicht in diesem Zusammenhang in vielen Situationen künstliche Geburtenregelung vernünftiger, wenn man nämlich damit mehr Frieden und Eintracht in der Familie erreichen und für die Erziehung schon lebender Kinder bessere Bedingungen schaffen kann? Auf diese Frage ist entschieden zu antworten: Die Kirche ist die erste, die den Einsatz der menschlichen Vernunft anerkennt und empfiehlt, wenn es um ein Werk geht, das den vernunftbegabten Menschen so eng mit seinem Schöpfer verbindet; aber ebenso betont sie, daß man sich dabei an die von Gott gesetzte Ordnung halten muß.

Wenn also gerechte Gründe dafür sprechen, Abstände einzuhalten in der Reihenfolge der Geburten – Gründe, die sich aus der körperlichen oder seelischen Situation der Gatten oder aus äußeren Verhältnissen ergeben –, ist es nach kirchlicher Lehre den Gatten erlaubt, dem natürlichen Zyklus der Zeugungsfunktion zu folgen, dabei den ehelichen Verkehr auf die empfängnisfreien Zeiten zu beschränken und die Kinderzahl so zu planen, daß die oben dargelegten sittlichen Grundsätze nicht verletzt werden.

Die Kirche bleibt sich und ihrer Lehre treu, wenn sie einerseits die

Berücksichtigung der empfängnisfreien Zeiten durch die Gatten für erlaubt hält, andererseits den Gebrauch direkt empfängnisverhütender Mittel als immer unerlaubt verwirft – auch wenn für diese andere Praxis immer wieder ehrbare und schwerwiegende Gründe angeführt werden. Tatsächlich handelt es sich um zwei ganz unterschiedliche Verhaltensweisen: bei der ersten machen die Eheleute von einer naturgegebenen Möglichkeit rechtmäßig Gebrauch; bei der anderen dagegen hindern sie den Zeugungsvorgang bei seinem natürlichen Ablauf. Zweifellos sind in beiden Fällen die Gatten sich einig, daß sie aus guten Gründen Kinder vermeiden wollen, und dabei möchten sie auch sicher sein. Jedoch ist zu bemerken, daß nur im ersten Fall die Gatten sich in fruchtbaren Zeiten des ehelichen Verkehrs enthalten können, wenn aus berechtigten Gründen keine weiteren Kinder mehr wünschenswert sind. In den empfängnisfreien Zeiten aber vollziehen sie dann den ehelichen Verkehr zur Bezeugung der gegenseitigen Liebe und zur Wahrung der versprochenen Treue. Wenn die Eheleute sich so verhalten, geben sie wirklich ein Zeugnis der rechten Liebe.

17. Verständige Menschen können sich noch besser von der Wahrheit der kirchlichen Lehre überzeugen, wenn sie ihr Augenmerk auf die Folgen der Methoden der künstlichen Geburtenregelung richten. Man sollte vor allem bedenken, wie bei solcher Handlungsweise sich ein breiter und leichter Weg einerseits zur ehelichen Untreue, anderseits zur allgemeinen Aufweichung der sittlichen Zucht auftun könnte. Man braucht nicht viel Erfahrung, um zu wissen, wie schwach der Mensch ist, und um zu begreifen, daß der Mensch – besonders der jugendliche, der gegenüber seiner Triebwelt so verwundbar ist – anspornender Hilfe bedarf, um das Sittengesetz zu beobachten, und daß es unverantwortlich wäre, wenn man ihm die Verletzung des Gesetzes selbst erleichterte. Auch muß man wohl befürchten: Männer, die sich an empfängnisverhütende Mittel gewöhnt haben, könnten die Ehrfurcht vor der Frau verlieren und, ohne auf ihr körperliches Wohl und seelisches Gleichgewicht Rücksicht zu nehmen, sie zum bloßen Werkzeug ihrer Triebbefriedigung erniedrigen und nicht mehr als Partnerin ansehen, der man Achtung und Liebe schuldet.

aus: Enzyklika »Humanae vitae« über die rechte Ordnung der Weitergabe menschlichen Lebens, vom 25. Juli 1968, Paulinus-Verlag Trier 1968 (= Nachkonziliare Dokumentation Bd. 14), S. 22–33 (inzwischen: 4. Aufl. 1979).

Wort der deutschen Bischöfe zur seelsorgerlichen Lage nach dem Erscheinen der Enzyklika »Humanae vitae«:

11. Wir wiederholen aus der Erklärung des II. Vatikanischen Konzils über die Religionsfreiheit: »Bei ihrer Gewissensbildung müssen jedoch die Christgläubigen die heilige und sichere Lehre der Kirche sorgfältig vor Augen haben. Denn nach dem Willen Christi ist die katholische Kirche die Lehrerin der Wahrheit; ihre Aufgabe ist es, die Wahrheit, die Christus ist, zu verkündigen und authentisch zu lehren; zugleich auch die Prinzipien der sittlichen Ordnung, die aus dem Wesen des Menschen selbst hervorgehen, autoritativ zu erklären und zu bestätigen.« Da der Papst nach langer Prüfung der entstandenen Fragen gesprochen hat, steht jeder Katholik, selbst wenn er sich bisher eine andere Auffassung gebildet hatte, vor der Forderung, diese Lehre anzunehmen. Auch die Tatsache, daß viele Christen in aller Welt, Bischöfe, Priester und vor allem Eheleute, in gläubiger und kirchlicher Gesinnung dieser Forderung entsprechen, ist von nicht zu unterschätzender Bedeutung.

12. Auf der anderen Seite wissen wir, daß viele der Meinung sind, sie könnten die Aussage der Enyzklika über die Methoden der Geburtenregelung nicht annehmen. Sie sind überzeugt, daß hier jener Ausnahmefall vorliegt, von dem wir in unserem vorjährigen Lehrschreiben gesprochen haben. Soweit wir sehen, werden vor allem folgende Bedenken geltend gemacht: Es wird gefragt, ob die Lehrtradition in dieser Frage für die in der Enzyklika getroffene Entscheidung zwingend ist, ob gewisse, neuerdings besonders betonte Aspekte der Ehe und ihres Vollzuges, die von der Enzyklika auch erwähnt werden, nicht ihre Entscheidung zu den Methoden der Geburtenregelung problematisch erscheinen lassen.

Wer glaubt, so denken zu müssen, muß sich gewissenhaft prüfen, ob er – frei von subjektiver Überheblichkeit und voreiliger Besserwisserei – vor Gottes Gericht seinen Standpunkt verantworten kann. Im Vertreten dieses Standpunktes wird er Rücksicht nehmen müssen auf die Gesetze des innerkirchlichen Dialogs und jedes Ärgernis zu vermeiden trachten. Nur wer so handelt, widerspricht nicht der rechtverstandenen Autorität und Gehorsamspflicht. Nur so dient auch er ihrem christlichen Verständnis und Vollzug.

13. Dabei darf keineswegs die Zuständigkeit des kirchlichen Lehramts für die sittliche Ordnung des Ehelebens bestritten werden. Die kirchliche Ehelehre umfaßt Wahrheiten, die für alle Gläubigen außer Zweifel stehen, vor allem die Wahrheit, daß die Ehe als Ganzes unter dem Gesetz Christi steht. Mit dem II. Vatikanischen Konzil (vgl. Gaudium et spes 51) ist daran festzuhalten, daß die Frage, ob und unter welchen Umständen eine Geburtenregelung zulässig ist,

nicht der Willkür der Ehepartner überlassen werden kann. Die Antwort darauf muß von ihnen in gewissenhafter Prüfung nach objektiven Normen und Kriterien gesucht und gefunden werden. Der konkrete Weg einer verantwortlichen Elternschaft darf weder die Würde der menschlichen Person verletzen noch die Ehe als Gemeinschaft fruchtbarer Liebe gefährden.

14. Die durch die Veröffentlichung der Enzyklika angefachte Diskussion sollte dazu führen, daß manches im Hinblick auf die Ehe weiter geklärt wird. Dazu gehören etwa die Fragen: Was folgt aus der biblischen Grundlegung der Ehe und ihrer Sakramentalität für ihre sittliche Gestaltung? Was ist der Sinn menschlich-personaler Geschlechtlichkeit und worin besteht die innere Zuordnung ihrer verschiedenen Momente? Wo liegt die Grenze zwischen der dem Menschen aufgegebenen personalen Steuerung seiner Lebensvorgänge und den seiner Würde widersprechenden Formen der Manipulation des Lebens und der Liebe? Wie haben wir, im Lichte der Offenbarung, die Heiligkeit menschlichen Lebens zu verstehen? Worin liegen der Wert und die Grenze des Beitrages, den hier profanwissenschaftliche Erkenntnisse zu leisten vermögen? Welchen Normen untersteht die Zeitwahl in der Ehe? Erforderlich ist auch eine Klärung dessen, was in der Enzyklika über therapeutische Eingriffe gesagt wird.

aus: Wort der deutschen Bischöfe zur seelsorglichen Lage nach dem Erscheinen der Enzyklika »Humanae vitae«, Königstein, 30. August 1968 (auch Königsteiner Erklärung genannt); in: Enzyklika Papst Pauls VI. über die rechte Ordnung der Weitergabe menschlichen Lebens, Paulinus-Verlag Trier 1968 (Anhang) (= Nachkonziliare Dokumentation Bd. 14), S. 68–70 (inzwischen: 4. Aufl. 1979).

Weitere Aussagen zur Empfängnisverhütung:

Papst Johannes Paul II., Kirche tritt für das Leben ein. Ansprache an den Generalsekretär der Weltkonferenz für Bevölkerungsfragen am 7. Juni 1984; in: DAS 1984, S. 1249–1254.

Ders., Der Würde von Mann und Frau entsprechend. Ansprache bei der Generalaudienz vom 8. August 1984; in: DAS 1984, S. 158–160.

Ders., Das rechte Gewissen als Deuterin. Ansprache bei der Generalaudienz vom 5. September 1984; in: DAS 1984, S. 176–180.

Ders., Die eheliche Liebe als Geschenk neu bewußt machen. Ansprache an die Vertreter der Bischofskonferenzen zum 20. Jahresgedächtnis von »Humanae vitae«, am 7. November 1988; in: L'Osservatore Romano, dt., Nr. 51, 16. 12. 1988, S. 9f.

Ders., Keine unkritische Übernahme von Forderungen. Ansprache an die Teilnehmer am internationalen Kongreß für Moraltheologie am 12. November 1988; in: L'Osservatore Romano, dt., Nr. 48, 25. 11. 1988, S. 8f.

Charta der Familienrechte vom Heiligen Stuhl allen Personen, Institutionen und Autoritäten vorgelegt, die mit der Sendung der Familie in der heutigen Welt befaßt sind, vom 22. Oktober 1983. Hrsg. Sekretariat der Deutschen Bischofskonferenz, Bonn 1983 (= VAS 52).
Josef Maria Reuß, Verantwortete Elternschaft. Gesammelte Aufsätze zur Frage der Empfängnisregelung, Mainz 1967 (= Probleme der praktischen Theologie 7). (ehem. Weihbischof in Mainz)
Ders., Familienplanung und Empfängnisverhütung. Überlegungen im Anschluß an die Synodenvorlage »Christlich gelebte Ehe und Familie« sowie an die Enzyklika »Humanae vitae«, Mainz 1975.

8.8 Euthanasie

1975 veröffentlichte die Deutsche Bischofskonferenz ein Hirtenwort mit dem Titel »Das Lebensrecht des Menschen und die Euthanasie«. Darin heißt es:

Euthanasie ist nicht Sterbehilfe, sondern absichtliche Tötung

Wir müssen also alles tun, um jedem Menschen ein menschenwürdiges Sterben zu ermöglichen und zu erleichtern. Aber ebenso müssen wir die Euthanasie als absichtlich herbeigeführte vorzeitige Beendigung des menschlichen Lebens ablehnen. Denn hier handelt es sich nicht mehr um Hilfe beim Sterben, um Erleichterung des Sterbens, sondern um die Tötung eines Menschen.
Es mehren sich heute die Stimmen, die eine direkte Verfügung über das eigene Leben und die Tötung auf Verlangen unter Umständen als sittlich vertretbar ansehen. Man fragt, ob der Patient, der unheilbar krank ist und unter qualvollen Schmerzen leidet, nicht die Abkürzung seiner Sterbensphase verlangen dürfe. Dagegen muß gesagt werden: Der Mensch hat kein derartiges Verfügungsrecht über sein eigenes Leben. Sicherlich hat er Anspruch auf die Linderung seiner Schmerzen; aber er ist nicht Herr über Leben und Tod. Selbst derjenige, der sich in seinem Gewissen nicht an Gott gebunden hält, wird zugeben, daß die Verfügung über das eigene Leben in Widerspruch zu einer Weltordnung steht, die auf der unbedingten Achtung vor dem Leben gründet.
Ebenso schwerwiegend ist, daß es sich bei der Euthanasie nicht nur um eine angemaßte Verfügung des Kranken über das eigene Leben handelt, sondern daß die Tötung anderen Menschen zugemutet wird: Der Grundpfeiler der Rechtsordnung, daß nämlich kein

Mensch über das Leben eines anderen Menschen verfügen könne, würde im Falle der Euthanasie aus den Angeln gehoben. Daran ändert auch nichts die Forderung, ein solcher Eingriff dürfe nur mit Wissen und Willen des Schwerkranken erfolgen.
Man darf auch nicht einwenden, es sei nur ein gradueller Unterschied zwischen dem Verzicht auf die Anwendung außergewöhnlicher medizinischer Mittel und die Verabreichung einer den Tod herbeiführenden Spritze, zwischen einer großen und einer noch etwas größeren Dosis schmerzstillender Mittel. Zwischen Sterbenlassen und Töten bleibt ein wesentlicher Unterschied, ganz gleich, welche Dosis schmerzstillender Mittel angewandt wird.
Das Gebot »Du sollst nicht töten« gilt für alle Phasen des menschlichen Lebens. Der Begriff Euthanasie kann nicht darüber hinwegtäuschen, daß jede vorzeitige Beendigung des Lebens Tötung ist und damit gegen die Gesetze Gottes und der Humanität verstößt. Sie verstößt auch gegen die Grundsätze unserer rechtsstaatlichen Ordnung.
Das Bundesverwaltungsgericht hat in einem Urteil vom 16. Januar 1964 im Zusammenhang mit der Tötung Geisteskranker folgende Aussage gemacht: »Jeder Mensch, also auch der kranke oder in seiner geistigen Verfassung beeinträchtigte oder körperlich mißgestaltete Mensch, hat Anspruch darauf, in seiner Menschenwürde geachtet und in seinem Recht auf Leben durch die Rechtsordnung geschützt zu werden. Eine durch die Grundsätze der Rechtsstaatlichkeit bestimmte Rechtsordnung gewährleistet dieses Recht. Die Vernichtung menschlichen Lebens, bei Kranken also auch die vorzeitige Herbeiführung des Todes, verstößt daher gegen die Grundsätze der Rechtsstaatlichkeit, und zwar auch dann, wenn die Tat aus Mitleid begangen wird; denn kein Mitglied der Rechtsgemeinschaft hat das Recht, aus persönlichen Beweggründen die für alle Angehörigen verbindlichen Grundsätze der Rechtsstaatlichkeit zu mißachten oder sich über sie nach Maßstäben hinwegzusetzen, die diesen Grundsätzen materiell widersprechen, mögen die persönlichen Motive auch – echtem oder mißverstandenem – humanem Empfinden entsprechen. Nach rechtsstaatlichen Grundsätzen kann daher die Tötung eines Menschen durch formales Gesetz weder gestattet noch geduldet werden.«
Unsere Rechtsordnung würde in ihrem innersten Kern zerstört, wenn diese Grundsätze nicht mehr anerkannt würden.

Warnung vor unabsehbaren Folgen

Diejenigen, die sich für die Straffreiheit der Tötung auf Verlangen einsetzen, pochen auf die im Grundgesetz garantierte Gewissensfreiheit und werfen der Kirche vor, sie zeige einer weltanschaulichen Minderheit gegenüber nicht genügend Toleranz. Gewissensfreiheit bedeutet jedoch nicht, daß das Gewissen nicht an eine Weltordnung gebunden ist. Der einzelne hat, wie auch das Grundgesetz in Art. 2 feststellt, das Recht auf freie Entfaltung seiner Persönlichkeit nur soweit, als er damit nicht die Rechte anderer verletzt und nicht gegen die verfassungsmäßige Ordnung oder das Sittengesetz verstößt. Die Erfahrung zeigt, daß eine einzige weiche Stelle in der Grundhaltung der Achtung vor dem Menschenleben genügt, um einer Lawine von Unmenschlichkeit den Weg zu öffnen. Wir müssen das Problem der Euthanasie sehr ernst nehmen und dürfen nicht zulassen, daß die öffentliche Meinung sie verharmlost, auch nicht daß einzelne oder gewisse Gruppen dort wieder mit dem Schlagwort der Humanisierung arbeiten, wo es sich in Wahrheit um die Zersetzung der Menschlichkeit handelt. Jede Aufweichung des sittlichen und rechtlichen Bewußtseins in dieser Frage würde weitreichende Folgen nach sich ziehen.

Diese Folgen würden zunächst die Kranken treffen. Die Begründung, die Tötung auf Verlangen rechtfertigen soll, nämlich der Schmerz und die unheilbare Krankheit, würde schon sehr bald auf den gefühlsmäßigen Zustand der Hoffnungslosigkeit ausgeweitet. Ein Schwerkranker fühlt sich nicht selten von dem Verlangen bedrängt, seinem als hoffnungslos empfundenen Zustand möge ein Ende bereitet werden. Von hier aus ist es dann nurmehr ein kleiner Schritt, bis man auch den psychisch Kranken ein solches »Recht« einräumen wird, von dem er in einer Kurzschlußhandlung dann Gebrauch macht. Wir wissen, daß dieselben Menschen, die in einer scheinbar ausweglosen Situation ihr Leben für gering achten, oft nach Überwindung dieser Situation wieder am Leben hängen. Für diejenigen freilich, denen die Gesellschaft den »Wunsch« nach Tötung in einem solchen Fall erfüllt hätte, gäbe es kein morgen mehr, keine neue Chance für Leben und Glück. Wo liegt also die Grenze für eine verantwortbare und für eine unverantwortbare Euthanasie? Es gibt keine solche Grenze!

Die Euthanasie würde auch das Gewissen des Arztes und des Pflegepersonals in unerträglicher Weise belasten und das Verhältnis von Arzt und Patient radikal verändern. Die Erhaltung und Wiederherstellung der Gesundheit ist das oberste Gebot des ärztlichen Handelns. Dieser Dienst am Leben schließt es aus, daß der Arzt zu einem Befehlsempfänger für das Töten auf Verlangen erniedrigt wird oder sich selbst dazu bereitfindet. Ein derartiges Tun müßte sich auf das Vertrauensverhältnis zwischen Arzt und Patient unheilvoll auswirken, denn der Arzt würde nicht mehr ausschließlich dem Leben dienen, sondern zugleich ein Gehilfe des Todes sein. Daran könnte auch die Vorsichtsmaßnahme wenig ändern, die das Einschreiten des Arztes an eine schriftliche Ermächtigung des Patienten binden will.

Überdies wäre einer verhängnisvollen Manipulation Tür und Tor geöffnet. Denn auch wenn der Wunsch zu sterben schriftlich oder vor Zeugen vom Patienten bekundet werden müßte, welchem seelischen Druck wäre ein hilflos Kranker ausgesetzt, der spürt, daß seine Umgebung ihn abgeschrieben hat und auf seine Bitte um Tötung wartet. Ja, es würde genügen, einen empfindsamen Kranken fühlen zu lassen, daß er seiner Umgebung zur Last fällt, um ihn zu einer solchen Tötungsbitte zu bewegen.

Eine vom Staat anerkannte und praktizierte Euthanasie würde ferner, so steht zu befürchten, die individuelle und soziale Tötungsbereitschaft begünstigen. Es besteht nämlich nachweislich ein enger Zusammenhang zwischen den in einer Gesellschaft geltenden Wertmaßstäben und der Einstellung beziehungsweise den Verhaltensweisen der Menschen. Die Tötung auf Verlangen darf nicht isoliert betrachtet werden; ihre Zulassung würde die Achtung vor dem Leben ganz allgemein in unverantwortlicher Weise aushöhlen.

aus: Das Lebensrecht des Menschen und die Euthanasie. Hrsg. Sekretariat der Deutschen Bischofskonferenz, Bonn 1975, S. 6–10 (= Die deutschen Bischöfe 4).

Weitere Stellungnahmen zur Euthanasie:

Pius XII., Radioansprache an die Teilnehmer des VII. Internationalen Kongresses katholischer Ärzte, 11. September 1956; in: AAS 48 (1956) 677–686; dt. in: Aufbau und Entfaltung des gesellschaftlichen Lebens. Soziale Summe Pius XII. Hrsg. v. Arthur-Fridolin Utz und Joseph-Fulko Groner, Freiburg/Schweiz 1961, S. 3155–3168.

Ders., Ansprache an die Teilnehmer des IX. Nationalkongresses der Italienischen Gesellschaft für Anästhesiologie, 24. Februar 1957; in AAS 49 (1957) 129–147; dt. in: Soziale Summe Pius XII., a. O., S. 3242–3265.

Ders., Ansprache an eine Gruppe von Ärzten, die auf Veranlassung des Georg-Mendel-Instituts für Genetik zusammengekommen waren, 24. November 1957, in: AAS 49 (1957) 1027–1033; dt. in: Soziale Summe Pius XII., a. O., S. 3266–3274.

Ders., Ansprache an die Teilnehmer der 1. Tagung des »Collegium Internationale Neuro-Pharmacologicum«, 9. September 1958; in: AAS 50 (1958) 687–696; dt. in: Soziale Summe Pius XII., a. O., S. 3189–3201.

Erklärung der Kongregation für die Glaubenslehre zur Euthanasie vom 20. Mai 1980. Hrsg. Sekretariat der Deutschen Bischofskonferenz, Bonn 1980 (= VAS 20).

Johannes Paul II., Ansprache an die Teilnehmer des 54. kulturellen Fortbildungskurses der Katholischen Universität »Sacro Cuore« in Castel Gandolfo am 6. September 1984, in: DAS 1984, S. 1384–1388.

8.9 Frau und Kirche

Der Limburger Bischof Franz Kamphaus schrieb 1988 in einem Brief an ein junges Mädchen:

Deinen letzten Brief habe ich zweimal lesen müssen. Du gehst ganz schön mit der Kirche und auch mit mir ins Gericht: »Männerkirche«, »Unterdrückung der Frau«, »Diskriminierung«, »Kinder-Küche-Kirche-Rolle«. Das sind harte Worte. Ich weiß, Du hast sie nicht aus der Luft gegriffen, und viele denken und empfinden wie Du. Den Vormittag vor zwei Jahren in der Mädchenschule in Geisenheim und ein Jahr später in Königstein werde ich so leicht nicht vergessen. Selten bin ich so ins Kreuzfeuer bohrender Fragen geraten (am Ende war ich naßgeschwitzt): »Wir Frauen sind in der Kirche ja doch nicht ernsthaft gefragt. Wir dürfen die Kirche putzen, die Röcke der Ministranten waschen, bei Sitzungen den Kaffee servieren und die Texte tippen. Mitreden und entscheiden dürfen wir nicht. Unsere beruflichen Möglichkeiten in der Kirche sind spärlich ... In Liedern, Gebeten und Predigten kommen in der Regel nur die Söhne, Brüder und Väter vor. Wir sind ausgeschlossen.«
Was soll ich antworten? Ich bin hin- und hergerissen zwischen Zustimmung und Rückfragen. Keine Frage: Es ist ein Zeichen unserer Zeit, daß die Frau »sich ihrer Menschenwürde ... immer mehr bewußt wird«. So hat es Papst Johannes XXIII. schon vor 25 Jahren in einem wichtigen Lehrschreiben gesagt. Aber wird nicht oft zu schnell von der »Unterdrückung der Frau« geredet? Ich weiß, die Machtfrage ist ein Schnittpunkt des Problems. Ihr fühlt euch an zentralen Punkten übergangen und von Entscheidungen ausgeschlossen. Ob wir nicht miteinander als Frauen und Männer, je mehr wir auf Gottes Wort hören, desto mehr auch zu einer wirklich partnerschaftlichen Kirche finden?
Der Grundsatz der Gleichberechtigung zwischen Mann und Frau ist ja weiß Gott nicht ohne das Christentum in unsere Welt gekommen. Das Alte und das Neue Testament haben ganz entscheidende Anstöße zur Emanzipation der Frau gegeben. Denk nur an die Aussagen auf den ersten Seiten der Bibel, daß Gott den Menschen als Mann und Frau schuf, beide also die gleiche Menschenwürde haben. Als der Text entstand, war das völlig neu. Denk daran, wie selbstverständlich Jesus die Gemeinschaft mit Frauen suchte und sie in die Nachfolge rief. Das ist für damalige Verhältnisse revolutionär. Dann weiter: Ein wichtiger Grundsatz christlicher Rechtsentwicklung heißt: »Ein Gesetz für Mann und Frau!« Darum kommt die Ehe nur durch den Konsens, durch die freie Zustimmung beider Partner zu-

stande. Die Frau sollte eben nicht, wie in anderen Kulturen und Religionen zum Teil bis heute, wie ein Objekt durch andere »verheiratet werden«, sondern wirklich als gleichberechtigter und gleichwertiger Mensch in Freiheit ja oder nein sagen.

Ich will nicht verschweigen, daß auch frauenfeindliche Haltungen in der Geschichte der Kirche und selbst noch in der Gegenwart zu finden sind. Du erwähnst in Deinem Brief die Hexenprozesse. Es gibt leider Aussagen von Kirchenvätern, die die Frau in eine besondere Nähe zum Bösen bringen, sie gar als »Tor zur Hölle« bezeichnen. Dann halten Frauen schließlich Hochzeit mit dem Teufel, und die Hexe ist fertig. Frauen wurden und werden verteufelt und vergöttlicht, abgewertet und angehimmelt, beides auf ihre Kosten und ganz gegen den Schöpfer- und Erlöserwillen Gottes.

Du sagst mit Recht, daß es hier eine Menge ungelöster Probleme gibt. Seitdem sich die Stellung der Frau in unserer Gesellschaft (und in der Welt) ändert, erinnern sich immer mehr Frauen in der Kirche an die Verheißungen des Evangeliums und an ihren besonderen Auftrag. Die letzte Bischofssynode in Rom über die Stellung der Laien in der Kirche hat sehr deutlich gezeigt, wieviel hier in Bewegung ist etwa hinsichtlich der Beteiligung der Frau am Dienst in der Kirche. Wir dürfen ja nicht vergessen, daß in vielen Bereichen der Weltkirche Frauen längst in der Seelsorge tätig sind, als Katechetinnen, als Gemeinde- und Pastoralreferentinnen.

Wir brauchen uns als Kirche und Christen nicht schlecht zu machen oder schlechtmachen zu lassen; denn vieles Befreiende ist erst durch das Evangelium in die Welt gekommen. Wir haben allerdings auch absolut keinen Grund, uns auf unseren Lorbeeren auszuruhen; deswegen ist gerade die Frage nach der Stellung der Frau in der Kirche heute von zukunftsweisender Bedeutung.

Ich möchte noch auf einen anderen Punkt zu sprechen kommen. »Extrem frauenfeindlich« nennst Du die Äußerungen der Kirche zu Fragen der Sexualität und Geschlechtlichkeit. Weißt Du, worum es da im letzten geht? Es ist wichtig, den wahren Grund zu kennen, damit keine falschen Motive unterstellt werden: Gerade im Bereich des Geschlechtlichen können wir uns ungemein viel Böses antun. Wir können uns unterdrücken und ausbeuten, wir können uns in falscher Weise abhängig machen. Der Sinn der kirchlichen Ethik im Bereich der Geschlechterbeziehung zielt darauf, daß die Selbständigkeit und Freiheit, die Würde und das Recht der Partner gewahrt werden und gottgemäß wachsen. Daß wir als Mann und Frau geschaffen sind, gehört zum Kostbarsten, was uns von Gott gegeben ist. Welche Möglichkeiten der Freude und der Bereicherung im unterschiedlichen Fühlen, Denken und Wahrnehmen, welcher Reichtum gegenseitiger Ergänzung! Nichts von alldem darf abgewertet werden. Wir Christen dürfen uns von niemandem darin übertreffen lassen, die Schönheit der geschlechtlichen Prägung zu würdigen. Aber es wäre blauäugig und gemein, wollten wir die damit verbundenen Gefahren leugnen. Wo etwa geschlechtliche Lust zum Selbstzweck wird oder gar zum Letztwert, da sind Ausbeutung und Unterdrückung, Egoismus und Gewalt nicht fern. Was Anlaß zu großem Glück ist oder doch sein könnte, wird allzuoft mißbraucht. Da können wir nur froh sein, daß heutzutage immer mehr Frauen auf ihre Leiden aufmerksam machen und für eine neue, partnerschaftlichere Beziehung kämpfen. Das hilft auch den Männern, aus dem Gefängnis des Leistungsdenkens und einer oft völlig hirnrissigen Verkopftheit herauszukommen. Das hilft uns gerade auch in der Kirche, feinfühliger, wachsamer und herzlicher miteinander umzugehen. Papst Paul VI. hat das schöne Wort von der »Zivilisation der Liebe« geprägt, zu der wir gerufen sind (...)

aus: Franz Kamphaus, Briefe an junge Menschen, Limburg 1988 (als Manuskript gedruckt im Auftrag des Bischofs von Limburg; auch: Verlag Herder, Freiburg – Basel – Wien, [6]1989).

Papst Johannes Paul II. sagt in einem Hirtenwort:

26. Vor dem weiten Hintergrund des »tiefen Geheimnisses«, das in der bräutlichen Beziehung zwischen Christus und der Kirche zum Ausdruck kommt, ist es möglich, in entsprechender Weise auch die Berufung der »Zwölf« zu begreifen. *Wenn Christus nur Männer zu seinen Aposteln berief*, tat er das *völlig frei und unabhängig*. Er tat es mit derselben Freiheit, mit der er in seinem Gesamtverhalten die Würde und die Berufung der Frau betonte, ohne sich nach den herrschenden Sitten und nach der auch von der Gesetzgebung der Zeit gebilligten Tradition zu richten. Daher entspricht die Hypothese, er habe Männer zu Aposteln berufen, indem er der damals verbreiteten Mentalität folgte, ganz und gar nicht der Handlungsweise Christi. »Meister, wir wissen, daß du immer die Wahrheit sagst und wirklich den Weg Gottes lehrst (...), denn du siehst nicht auf die Person« (Mt 22, 16). Diese Worte beschreiben vollständig das Verhalten Jesu von Nazaret. Darin liegt auch eine Erklärung für die Berufung der »Zwölf«. Sie sind während des Letzten Abendmahles bei Christus; sie allein empfangen im Zusammenhang mit der Einsetzung der Eucharistie den sakramentalen Auftrag: »Tut dies zu meinem Gedächtnis!« (Lk 22, 19; 1 Kor 11, 24). Sie empfangen am Abend des Auferstehungstages den Heiligen Geist, um die Sünden zu vergeben: »Wem ihr die Sünden vergebt, dem sind sie vergeben; wem ihr die Vergebung verweigert, dem ist sie verweigert« (Joh 20, 23).

Wir befinden uns hier mitten im Ostergeheimnis, das Gottes bräutliche Liebe zutiefst offenbart. Christus ist der Bräutigam, weil er »sich hingegeben hat«: Sein Leib wurde »hingegeben«, sein Blut wurde »vergossen« (vgl. Lk 24, 19.20). So hat er »seine Liebe bis zur Vollendung erwiesen« (Joh 13, 1). Die »aufrichtige Hingabe«, die im Kreuzesopfer enthalten ist, hebt endgültig den bräutlichen Sinn der Liebe Gottes hervor. Christus ist als Erlöser der Welt der Bräutigam der Kirche. *Die Eucharistie ist das Sakrament unserer Erlösung.* Sie ist das *Sakrament des Bräutigams und der Braut.* Die Eucharistie vergegenwärtigt und verwirklicht auf sakramentale Weise aufs neue den Erlösungsakt Christi, der die Kirche als seinen Leib »erschafft«. Mit diesem »Leib« ist Christus verbunden wie der Bräutigam mit der Braut. Alle diese Aussagen sind im *Brief an die Epheser* enthalten. In dieses »tiefe Geheimnis« Christi und der Kirche wird die seit dem »Anfang« von Mann und Frau gebildete bleibende »Einheit der zwei« eingefügt.

Wenn Christus nun die Eucharistie bei ihrer Einsetzung so ausdrücklich mit dem priesterlichen Dienst der Apostel verbunden hat, darf man annehmen, daß er auf diese Weise die gottgewollte Beziehung zwischen Mann und Frau, zwischen dem »Fraulichen« und dem »Männlichen«, sowohl im Schöpfungsgeheimnis wie im Geheimnis der Erlösung ausdrücken wollte. Vor allem *in der Eucharistie* wird ja in sakramentaler Weise *der Erlösungsakt Christi, des Bräutigams, gegenüber der Kirche, seiner Braut,* ausgedrückt. Das wird dann durchsichtig und ganz deutlich, wenn der sakramentale Dienst der Eucharistie, wo der Priester *»in persona Christi«* handelt, vom Mann vollzogen wird. Diese Deutung bestätigt die Lehre der im Auftrag Papst Pauls VI. veröffentlichten Erklärung *Inter Insigniores,* die Antwort geben sollte auf die Frage nach der Zulassung der Frauen zum Priesteramt.

aus: Papst Johannes Paul II., Apostolisches Schreiben »Mulieris dignitatem« über die Würde und Berufung der Frau anläßlich des Marianischen Jahres vom 15. August 1988. Hrsg. Sekretariat der Deutschen Bischofskonferenz, Bonn 1988 (= VAS 86), S. 58 f.

Weitere Stellungnahmen zum Thema Frau und Kirche:

Papst Pius XII., Das Ideal der christlichen Ehe. Ansprachen an Braut- und Eheleute, Luzern 1946, 2. Aufl.

Pius XII., Ruf an die Frau. Aus den Rundschreiben, Ansprachen, Briefen und Konstitutionen des Heiligen Vaters. Zusammengestellt von Käthe Seibel-Royer, Graz 1956, 2. erw. Aufl.

Papst Pius XII., Ansprache an die Kongreßteilnehmerinnen des »Internationalen Verbandes der katholischen Frauenvereine«, 11. September 1947; in: AAS 39 (1947) 480–488; dt. in: Soziale Summe Pius XII., a.O., S. 640–651.

Ders., Ansprache an die Teilnehmerinnen des Weltkongresses der katholi-

schen Frauenorganisationen, 24. April 1952; in: AAS 44 (1952) 420–424; dt. in: Soziale Summe Pius XII., a.O., S. 685–692.
Ders., Radioansprache an die Teilnehmerinnen der nationalen, vom »Centro Italiano Femminile« veranstalteten Wallfahrt zu Unserer Lieben Frau von Loreto, 14. Oktober 1956; in: AAS 48 (1956) 779–786; dt. in: Soziale Summe Pius XII., a.O., S. 2768–2780.
Ders., Ansprache an die Teilnehmerinnen des vierzehnten Internationalen Kongresses des »Weltverbandes der katholischen Frauenorganisationen«, 29. September 1957; in: AAS 49 (1957) 906–922; dt. in: Soziale Summe Pius XII., a.O., S. 2781–2803.
Ders., Ansprache an die Frauen der Katholischen Aktion Italiens (UDACI), 2. Juli 1958, in: AAS 50 (1958) 523–530; dt. in: Soziale Summe Pius XII., a.O., S. 2811–2821.
II. Vatikanisches Konzil, Die Pastorale Konstitution über die Kirche in der Welt von heute »Gaudium et spes« Nrr. 29. 52 und 60; in: Rahner–Vorgrimler, Kleines Konzilskompendium S. 475f., 504–506, 513f.
Dto., Dekret über das Apostolat der Laien »Apostolicam actuositatem« Nr. 9; in: Rahner–Vorgrimler, a.O., S. 400.
Botschaft des Konzils an die Frauen (bei der feierlichen Abschlußfeier des Konzils) am 8. Dezember 1965; in Herder Korrespondenz 20 (1966) 45.
Paul VI., Apostolisches Schreiben »Octogesima adveniens« vom 14. Mai 1971, Nr. 13; in: Nachkonziliare Dokumentation Bd. 35, S. 36f.
Ders., Apostolisches Schreiben «Marialis cultus« über die rechte Weise und Förderung der Marienverehrung vom 2. Februar 1974, Nr. 37; in: Nachkonziliare Dokumentation Bd. 45, S. 84–89.
Papst Paul VI., Die Rolle der Frau im Heilsplan. Ansprache an die Mitglieder der Kommission für die Frau am 31. Januar 1976. Città del Vaticano/Kevelaer 1977, S. 172–176 (= Wort und Weisung im Jahre 1976).
Papst Johannes Paul II., Apostolisches Schreiben »Mulieris dignitatem« über die Würde und Berufung der Frau anläßlich des Marianischen Jahres vom 15. August 1988 (= 86).
Erklärung der Kongregation für die Glaubenslehre zur Frage der Zulassung der Frauen zum Priesteramt vom 15. Oktober 1976 (= 3, S. 3–21).
Dazu: Römischer Kommentar zur »Erklärung«, S. 23–51; Erklärung der Pressestelle im Sekretariat der Deutschen Bischofskonferenz zur »Erklärung«, S. 51f; Kommentar zur »Erklärung« von Prof. Karl Lehmann, Freiburg, S. 53–56.
Die deutschen Bischöfe, Zu Fragen der Stellung der Frau in Kirche und Gesellschaft, 21. September 1981. Hrsg. Sekretariat der Deutschen Bischofskonferenz, Bonn 1981 (= Die deutschen Bischöfe 30).
Franz Kamphaus, Frauen in der Kirche, Schwestern im Glauben. Hirtenwort und Anregungen zu Verkündigung und Glaubensgespräch in der österlichen Bußzeit 1989. Limburg 1989.

8.10 Frieden

1983 gab die Deutsche Bischofskonferenz einen Hirtenbrief mit dem Titel »Gerechtigkeit schafft Frieden« heraus. Darin heißt es:

Umfassender Friedensauftrag

Friede ist Frucht der Gerechtigkeit. Wo die Menschen in ihrem Leben Gott zu seinem Recht kommen lassen, da bestehen jene »Rechtsverhältnisse«, in denen das Zusammenleben der Menschen in Frieden geordnet wird. Der christliche Friedensauftrag verlangt von uns, daß wir mit allen Kräften ebensosehr weltweit für Recht und Gerechtigkeit eintreten (Friedensförderung), wie wir den labilen Frieden zu sichern suchen (Friedenssicherung). Das Evangelium gibt uns die Zuversicht, daß unser Friedenshandeln nicht vergeblich ist (Friedenshoffnung). Grundlage dieses Friedensauftrags ist das darin bezeugte Verständnis vom Menschen, das wir hier noch einmal zusammenfassend darlegen und aus dem wir einige grundsätzliche Folgerungen ableiten wollen.

Friedensethos und christliches Verständnis vom Menschen

Im Verhalten der Menschen gibt es, wie wir aus der Geschichte wissen, von Anfang an eine elementare Spannung und Zweideutigkeit. Mit dem Feuer hat der Mensch nicht nur wärmen und kochen, sondern auch verbrennen und brandschatzen können; mit dem Stein hat er Nahrung vorbereiten und schneiden, aber auch den Mitmenschen verwunden und töten können. Mensch werden heißt immer Aufbrechenkönnen in sehr verschiedene, ja gegensätzliche Möglichkeiten. So kann der Mensch »dem Menschen zum Wolf«, aber auch zum Bruder werden.
Indem Gott den Menschen als sein Bild erschaffen hat, hat er ihm göttliche Würde verliehen. Er hat ihn auf sich hingeordnet und ihm zugleich den Weg gewiesen, wie er die Erde und deren Güter zu seinem Nutzen und zum Wohl aller gebrauchen soll. Indem der Mensch sich weigert, seinen Schöpfer und Herrn anzuerkennen, und glaubt, nur sein eigener Herr zu sein, zerstört er auch die Harmonie in sich selbst, mit seinem Bruder und mit seiner kreatürlichen Umwelt. Eine erste Folge dieser Zerwürfnisses, das durch die Sünde Adams in die Welt gekommen ist und seither die Geschichte dieser Welt mitbestimmt, ist der Brudermord (Gen 4,3 ff).
Darum haben die Schrift und in ihrer Tradition die Geschichte des

Glaubens in Adam das Urbild des unerlösten Menschen gesehen. Ihm steht Jesus Christus als Gegenbild und Ursprung einer erneuerten Menschheit gegenüber (vgl. Röm 5,12–21; 1 Kor 15,21f). In Jesus Christus hat Gott selbst durch die Sendung seines Sohnes einen neuen Anfang gesetzt. Christus ist der neue Adam. In ihm wird unser Menschsein neu. Weil Jesus Christus unseretwegen die Sünde der Welt, die immer auch schon unser eigenes Versagen einschließt, auf sich genommen und uns von ihr erlöst hat, hat er ein neues Verhältnis des Menschen zu Gott dem Vater, des Menschen zu sich selbst und der Menschen untereinander gegründet. Durch seinen Tod und seine Auferstehung hat Jesus Christus die Trennwand der Feindschaft niedergerissen (vgl. Eph 2,15ff). So kann der Mensch durch Gottes Zuwendung in Jesus Christus dem Menschen wieder zum Bruder werden.

Gott hat uns in Christus den Frieden endgültig verheißen und gestiftet. Deshalb können wir das Böse überwinden, wenn unser Leben auf Gott ausgerichtet bleibt. Es kann gerade in der Sache des Friedens nicht gutgehen, wenn wir Gott auslassen. Er verbürgt letztlich die Ordnung des Friedens, indem er das Gewissen der Menschen wachhält und zum Guten lenkt: Die Verheißung des Friedens will – wenigstens als Anfang und Stückwerk – in den konkreten Verhältnissen unseres Lebens verwirklicht werden.

Der christliche Glaube weiß aber, daß der Friede in dieser Weltzeit immer bedroht bleibt und daß die Gegenwart der Gottesherrschaft sich nie vollständig oder in einem einzigen Gesamtentwurf verwirklichen läßt. Der endgültige Frieden läßt sich nicht in Gestalt irgendeiner neuen politischen Ordnung herbeiführen. Zwar verkündet das Evangelium die Gegenwart der Herrschaft Gottes, die uns die Versöhnung mit Gott und unter den Menschen eröffnet. Die volle Verwirklichung in einem Reich des Friedens steht jedoch noch aus. Die alte Welt der Sünde ist nicht einfach entschwunden. »Die ganze Geschichte der Menschheit«, so lehrt das Zweite Vatikanische Konzil, »durchzieht ein harter Kampf gegen die Mächte der Finsternis, ein Kampf, der schon am Anfang der Welt begann und nach dem Wort des Herrn bis zum letzten Tag andauern wird« (GS 37).

Eigensinn und Verhärtung, Selbstbehauptung und Überheblichkeit bedrohen ständig das Herz des Menschen. Nur so sind die überall verborgene Aggressionslust und Zerstörungswut im letzten zu verstehen. Auch der erlöste Mensch kann trotz der Vergebung der Sünden und eines neuen Lebensanfangs in der Taufe wieder den Versuchungen der Macht und der selbstherrlichen Gewaltausübung über andere verfallen. Aber nicht nur im Innern des Menschen hausen die Mächte des Bösen. Auch in den sozialen und gesellschaftlichen, politischen und institutionellen Verhältnissen unseres Lebens lauern Feindseligkeit, Unterdrückung und Gewalttätigkeit. Die Bereitschaft zur Versöhnung und zum Frieden muß daher das Heimtückische und Hinterhältige des Bösen in der Welt nüchtern und wachsam im Auge behalten, sonst erliegt sie leicht einem luziferischen Schein. Die Notsituation und die Gebrochenheit dieser zwar erlösten, aber noch immer in Wehen liegenden Welt dürfen nicht übersehen werden.

Deshalb hat die Kirche immer an der Notwendigkeit festgehalten, Unschuldige gegen Gewalttat und Unterdrückung zu schützen, dem Unrecht zu wehren, Recht und Gerechtigkeit zu verteidigen. Ein einseitig erklärter Verzicht auf diesen Schutz und Widerstand kann, wie die geschichtliche Erfahrung lehrt, als Schwäche und möglicherweise als Einladung zur politischen Erpressung verstanden werden. Ein solcher Verzicht kann gerade das begünstigen, was verhindert werden soll: daß Unschuldige unterdrückt werden, daß ihnen Leid oder Gewalt angetan wird.

Dieser Schutz ist zuvörderst Aufgabe der staatlichen Gewalt, die sich dafür – in den Grenzen, die durch die sittliche Ordnung, durch Recht und Verfassung gesetzt werden – auch staatlicher Machtmittel bedienen kann. Auch wenn solche Machtmittel, für sich allein genommen, ein friedliches Zusammenleben der Menschen im Rahmen der Rechtsordnung nicht garantieren, kann die ethische Legitimität ihres begrenzten und kontrollierten Einsatzes innerhalb des staatlichen Herrschaftsbereichs nicht bestritten werden.

Was die Außenbeziehungen betrifft, so gilt, was auch die christliche Ethik bestätigt, das Gewaltverbot des Völkerrechts, das Verbot der Androhung und Anwendung von Gewalt. Da indessen Gewaltanwendung nicht auszuschließen ist und, anders als im binnenstaatlichen Herrschaftsbereich, ein internationales Gewaltmonopol mit Sanktionsvollmachten faktisch nicht existiert, kann einem Staat unter bestimmten Bedingungen das Recht auf sittlich erlaubte Verteidigung nicht abgesprochen werden. Auch hier gilt einschränkend, daß friedliches Zusammenleben der Völker in Recht und Gerechtigkeit mit militärischen Mitteln allein nicht gesichert werden kann.

Aus diesen Gründen behält der ethisch-normative Kerngehalt der Lehre »gerechter Verteidigung« innerhalb einer umfassenden Friedensethik der Kirche eine beschränkte, im konkreten Fall schwierige, dennoch für die ethische Orientierung bis jetzt unersetzliche Funktion, nämlich im Hinblick auf den Grenzfall einer fundamentalen Verteidigung des Lebens und der Freiheit der Völker, wenn diese in ihrer elementaren physischen und geistigen Substanz bedroht oder gar verletzt werden. Eine solche Aussage hat jedoch nur Existenzrecht im Gesamtkontext einer Friedensethik, die den entschiedenen Willen und die äußerste Anstrengung fordert, daß alles getan wird, um eine solche Situation gar nicht erst eintreten zu lassen. Außerdem wird im Zeitalter von Massenvernichtungswaffen die Frage immer entscheidender, mit welchen Mitteln eine solche Verteidigung grundlegender Rechte der Menschen und der Völker geschieht.

Wenn auch das Wissen und die Erfahrung der Gebrochenheit zum christlichen Verständnis des Menschen gehören, so wird sich der Christ mit dieser nüchternen Erkenntnis nicht begnügen. Sein Glaube drängt ihn immer neu zu einer Friedensbereitschaft, die sich durch Enttäuschung, Niederlagen und Widerspruch nicht entmutigen läßt.

Es ist für dieses Handeln – zu dem auch die Politik gehört – nicht gleichgültig, wie der andere Mensch, das andere Volk, der andere Staat gesehen wird. Wer im andern, auch im Gegner, einen ihm gleichwertigen Menschen, ein sittlich verantwortliches Wesen zu sehen vermag, der wird immer neu auf den andern zugehen, auf dessen Vorstellungen und Absichten hinhören. Er wird auch die eigene Politik nach der »Goldenen Regel« der Bergpredigt ausrichten: »Alles, was ihr von andern erwartet, das tut auch ihnen« (Mt 7,12). Eine solche Friedenspolitik, die sich von den Forderungen Jesu inspirieren läßt, räumt dem andern, auch dem Gegner, Möglichkeiten zur Umkehr und zum gemeinsamen Lernen ein. So kann und muß das christliche Ethos der Feindesliebe und der Gewaltlosigkeit auch in der Außenpolitik und der internationalen Politik wirksam werden.

Aber auch das genügt nicht. Das christliche Zeugnis für den Frieden muß beglaubigt und ergänzt werden durch den tätigen Dienst an jener Gerechtigkeit, die allein dauerhaften Frieden ermöglicht und trägt. Überall für die elementaren Rechte jedes Menschen eintreten, überall für Lebensbedingungen arbeiten, die seine Freiheit, seine Würde und seine Entfaltung fördern und gewährleisten, das ist ebenso integraler Bestandteil jedes christlichen Friedenshandelns. Die Liebe, die Christus uns lehrt und vorlebt, läßt uns das Maß der größeren Gerechtigkeit erkennen und den selbstlosen Dienst für sie tun.

Wagen wir uns mit all diesen Überlegungen nicht zu weit über den von Gottes Botschaft gesteckten Rahmen hinaus? Wir sind überzeugt: nein. Die Bergpredigt preist jene selig, die Frieden stiften (vgl. Mt 5,9). Es geht hier nicht nur um friedfertige Gesinnung, sondern um das Handeln, aus dem Friede wächst. Dann aber entspricht es dem Geist der Bergpredigt, wenn wir uns nüchtern der Frage stellen, ob das Ergreifen oder Unterlassen bestimmter Maßnahmen, die Bereitstellung oder Nichtbereitstellung bestimmter Mittel den Frieden und jene gerechten Verhältnisse, die ihn gewährleisten, in der Tat erhalten helfen oder aufs Spiel zu setzen drohen. Deshalb wollen wir im folgenden einen Beitrag zur ethischen Beurteilung von Maßnahmen der Friedensförderung und Friedenssicherung leisten.

aus: Gerechtigkeit schafft Frieden. Wort der Deutschen Bischofskonferenz zum Frieden vom 18. April 1983. Hrsg. Sekretariat der Deutschen Bischofskonferenz, Bonn 1983 (= Die deutschen Bischöfe 34), S. 38–42.

Weitere Aussagen zum Thema »Frieden«:

Papst Pius XII., Krieg und Frieden. Friedensarbeit Eugenio Pacelli's als Nuntius und Papst von 1917 bis 1947, Nürnberg 1947 (= Päpstliche Dokumente 1).

Die Weltfriedensbotschaften Papst Pauls VI., eingeleitet und herausgegeben von Donato Squicciarini Berlin 1979.

Botschaft Seiner Heiligkeit Papst Paul VI. zur Feier des Weltfriedenstages am 1. Januar 1968: »Der Preis des Friedens«; in: Die Weltfriedensbotschaften Papst Pauls VI., S. 21–26.

Botschaft Seiner Heiligkeit Papst Paul VI. zur Feier des Weltfriedenstages am 1. Januar 1969: »Menschenrechte, der Weg zum Frieden«; in: Die Weltfriedensbotschaften Papst Pauls VI., S. 45–50.

Botschaft Seiner Heiligkeit Papst Paul VI. zur Feier des Weltfriedenstages am 1. Januar 1970: »Erziehung zum Frieden durch Versöhnung«; in: Die Weltfriedensbotschaften Papst Pauls VI., S. 59–64.

Botschaft Seiner Heiligkeit Papst Paul VI. zur Feier des Weltfriedenstages am 1. Januar 1971: »Jeder Mensch ist mein Bruder«; in: Die Weltfriedensbotschaften Papst Pauls VI., S. 71–76.

Botschaft Seiner Heiligkeit Papst Paul VI. zur Feier des Weltfriedenstages am 1. Januar 1972: »Willst du den Frieden, so arbeite für die Gerechtigkeit«; in: Die Weltfriedensbotschaften Papst Pauls VI., S. 95–99.

Botschaft Seiner Heiligkeit Papst Paul VI. zur Feier des Weltfriedenstages am 1. Januar 1973: »Der Friede ist möglich«; in: Die Weltfriedensbotschaften Papst Pauls VI., S. 111–119.

Botschaft Seiner Heiligkeit Papst Paul VI. zur Feier des Weltfriedenstages am 1. Januar 1974: »Der Friede hängt auch von dir ab!«; in: Die Weltfriedensbotschaften Papst Pauls VI., S. 129–134.

Botschaft Seiner Heiligkeit Papst Paul VI. zur Feier des Weltfriedenstages am 1. Januar 1975: »Versöhnung, der Weg zum Frieden«; in: Die Weltfriedensbotschaften Papst Pauls VI., S. 141–148; Wort und Weisung im Jahr 1974, S. 408–415.

Botschaft Seiner Heiligkeit Papst Paul VI. zur Feier des Weltfriedenstages am 1. Januar 1976: »Die echten Waffen des Friedens«; in: Die Weltfriedensbotschaften Papst Pauls VI., S. 155–161; Wort und Weisung im Jahr 1975, S. 411–417.

Botschaft Seiner Heiligkeit Papst Paul VI. zur Feier des Weltfriedenstages am 1. Januar 1977: »Wenn du den Frieden willst, verteidige das Leben«; in: Die Weltfriedensbotschaften Papst Pauls VI., S. 169–178; Wort und Weisung im Jahr 1976, S. 367–376.

Botschaft Seiner Heiligkeit Papst Paul VI. zur Feier des Weltfriedenstages am 1. Januar 1978: »Nein zur Gewalt, ja zum Frieden«; in: Die Weltfriedensbotschaften Papst Pauls VI., S. 193–201; Wort und Weisung im Jahr 1977, S. 512–520.
Botschaft Seiner Heiligkeit Papst Johannes Paul II. zur Feier des Weltfriedenstages am 1. Januar 1979: »Um zum Frieden zu gelangen, zum Frieden erziehen«, Rom 1978; Wort und Weisung im Jahr 1978, S. 196–209.
Botschaft zur Feier des Weltfriedenstages am 1. Januar 1980: »Dem Frieden in der Welt eine neue Chance«; in: Wort und Weisung für das Jahr 1979, S. 284–292.
Botschaft zur Feier des Weltfriedenstages am 1. Januar 1981: »Schütze die Freiheit, dann dienst du dem Frieden«; in: Wort und Weisung für das Jahr 1980, S. 283–293 und Wort und Weisung für das Jahr 1981, S. 105–113.
Botschaft zum Weltfriedenstag am 1. Januar 1982 »Der Frieden, Gottes Geschenk, den Menschen anvertraut«; in: DAS 1982, S. 823–836.
Botschaft zum Weltfriedenstag am 1. Januar 1983 »Der Dialog für den Frieden – eine Forderung an unsere Zeit; in: DAS 1983, S. 665–676.
Botschaft zum Weltfriedenstag am 1. Januar 1984 »Der Frieden entspringt einem neuen Herzen«; in: DAS 1984, S. 865–875.
Botschaft zur Feier des Weltfriedenstages am 1. Januar 1985 »Frieden und Jugend, zusammen unterwegs«; in: DAS 1985, S. 1039–1049.
Botschaft zur Feier des Weltfriedenstages am 1. Januar 1986 »Der Friede, Wert ohne Grenzen Nord-Süd, Ost-West: Ein einziger Friede«; in: DAS 1986, S. 1027–1036.
Botschaft von Papst Johannes Paul II. zur Feier des Weltfriedenstages am 1. Januar 1987 (= Sonderdruck Vatikanstadt 1986; Hrsg. Sekretariat der Deutschen Bischofskonferenz, Bonn).
Botschaft von Papst Johannes Paul II. zur Feier des Weltfriedenstages am 1. Januar 1988; in: L'Osservatore Romano, dt., Nr. 51/52, 18. 12. 1987, S. 1,9f.
Botschaft von Papst Johannes Paul II. zur Feier des Weltfriedenstages am 1. Januar 1989 (= Sonderdruck Vatikanstadt 1988; Hrsg. Sekretariat der Deutschen Bischofskonferenz, Bonn).
Botschaft von Papst Johannes Paul II. zur Feier des Weltfriedenstages am 1. Januar 1990 (= Sonderdruck Vatikanstadt 1989), Hrsg. Sekretariat der Deutschen Bischofskonferenz, Bonn.
Dienst am Frieden. Stellungnahmen der Päpste, des II. Vatikanischen Konzils und der Bischofssynode von 1963 bis 1982. Hrsg. Sekretariat der Deutschen Bischofskonferenz, Bonn 1982, 2. aktualisierte Aufl. (= VAS 23).
Worte der Kirche an Soldaten. Päpste, II. Vatikanisches Konzil, Deutsche Bischöfe 1965–1984. Hrsg. v. Katholischen Militärbischof für die Bundeswehr, Bonn 1984.
Botschaft der Präsidenten der Bischofskonferenzen Europas über die Förderung des Friedens durch Vertrauen. Konferenz der Präsidenten der Europäischen Bischofskonferenzen in Dieburg (6.–8. März 1987). Hrsg. Sekretariat der Deutschen Bischofskonferenz, Bonn 1987 (= Stimmen der Weltkirche 27).
Bischöfe zum Frieden. Hrsg. Sekretariat der Deutschen Bischofskonferenz, Bonn 1983, 2. Aufl. (= Stimmen der Weltkirche 19).

Für den Frieden. Erklärung des Vorsitzenden der Deutschen Bischofskonferenz und des Vorsitzenden der Französischen Bischofskonferenz, vom 15. Juni 1982. Hrsg. Sekretariat der Deutschen Bischofskonferenz, Bonn 1982 (= Stimmen der Weltkirche 15).

Joseph Kardinal Höffner, Das Friedensproblem im Licht des christlichen Glaubens. Vortrag zur Eröffnung der Vollversammlung der Deutschen Bischofskonferenz, Fulda, 21. September 1981. Hrsg. Sekretariat der Deutschen Bischofskonferenz, Bonn 1981 (= Der Vorsitzende 8).

Frieden und Sicherheit. Hrsg. Sekretariat der Deutschen Bischofskonferenz, Bonn 1981 (= Arbeitshilfen 21).

Die christliche Friedensbotschaft. Ansprachen, Reden und Vorträge zum Thema Frieden beim Katholikentag in Düsseldorf (1. bis 5. September 1982). Hrsgg. Sekretariat der Deutschen Bischofskonferenz und Zentralkomitee der deutschen Katholiken, Bonn 1982 (= Arbeitshilfen 28).

Christus – unser Friede. Eine Handreichung zum 44. Eucharistischen Weltkongreß vom 5. bis 8. Oktober 1989 in Seoul (Korea). Hrsg. Sekretariat der Deutschen Bischofskonferenz, Bonn 1989 (= Arbeitshilfen 68).

8.11 Gen-Technik

Die Gefahren der sogenannten Gen-Technik werden seit Jahren diskutiert. Die römische Kongregation für die Glaubenslehre griff 1987 mit einer eigenen Instruktion in die laufende Diskussion ein. In diesem Papier wird u. a. folgendes aufgeführt:

Wie sind Forschung und Experimente[1] mit menschlichen Embryonen und Föten moralisch zu bewerten?

Die medizinische Forschung muß sich der Eingriffe in lebende Embryonen enthalten, es sei denn, es bestehe die moralische Sicherheit, daß weder dem Leben noch der Integrität des Ungeborenen und der Mutter ein Schaden droht, und unter der Bedingung, daß die Eltern nach entsprechender Information ihre freie Zustimmung zu diesem Eingriff gegeben haben. Daraus folgt, daß jede Forschung, auch wenn sie sich lediglich auf die Untersuchung des Embryos beschränkte, unerlaubt würde, wenn sie wegen der angewandten Methoden oder der herbeigeführten Wirkungen eine Gefahr für die körperliche Unversehrtheit oder das Leben des Embryos bedeutete. In bezug auf die Experimente muß man die generelle Unterscheidung zwischen denjenigen voraussetzen, die keine direkten therapeutischen Zielsetzungen haben, und solchen, die eindeutig therapeutisch für das Subjekt selbst sind. Zum anderen muß man der Sache nach zwischen dem Experiment mit noch lebenden Embryonen und dem Experiment mit toten Embryonen unterscheiden. Wenn sie leben, müssen sie, ob lebensfähig oder nicht, wie alle menschlichen Personen geachtet werden; das nicht direkt therapeutische Experiment mit Embryonen ist unerlaubt.[2]

Keine Zielsetzung, auch wenn sie als solche ehrenwert ist, wie die Voraussicht eines Nutzens für die Wissenschaft, für andere menschliche Wesen oder für die Gesellschaft, kann in irgendeiner Weise Experimente mit noch lebenden Embryonen oder Föten rechtfertigen, seien sie nun lebensfähig oder nicht, im Mutterleib oder außerhalb von ihm. Die Zustimmung nach vorhergehender Information, die für klinische Versuche am Erwachsenen normalerweise verlangt wird, kann von den Eltern nicht geleistet werden; diese können weder über die körperliche Integrität noch über das Leben des Ungeborenen verfügen. Andererseits bringen Versuche mit Embryonen und Föten stets die Gefahr, ja sogar in der Mehrzahl der Fälle die sichere Voraussicht eines Schadens für ihre physische Integrität oder sogar ihres Todes mit sich.

Den menschlichen Embryo oder den Fötus als Gegenstand oder Mittel für Experimente zu benutzen, stellt ein Verbrechen gegen deren Würde als menschliche Wesen dar, denen dasselbe Recht auf Achtung wie dem schon geborenen Kind und jeder menschlichen Person zusteht. Die vom Heiligen Stuhl veröffentlichte Charta der Familienrechte erklärt: »Die Achtung vor der Würde des menschlichen Wesens schließt jede Art von experimenteller Manipulation oder Verwertung des menschlichen Embryos aus«.[3] Die Praxis, menschliche Embryonen *in vivo* oder *in vitro* für experimentelle oder kommerzielle Zwecke am Leben zu erhalten, steht in völligem Widerspruch zur menschlichen Würde.

Im Fall eines eindeutig therapeutischen Experiments kann die Zuhilfenahme von Pharmaka oder noch nicht vollständig erprobter Methoden erlaubt sein, wenn es sich nämlich um die Anwendung experimenteller Behandlungsmethoden zum Wohl des Embryos selbst handelt, um in einem letzten Versuch – mangels anderer sicherer Therapien – dessen Leben zu retten.[4]

Die Leichen menschlicher Embryonen und Föten, seien sie nun vorsätzlich abgetrieben oder nicht, müssen geachtet werden wie die sterblichen Überreste von anderen menschlichen Wesen. Besonders dürfen sie nicht Verstümmelungen oder Obduktionen ausgesetzt werden, solange ihr Tod nicht mit Sicherheit festgestellt wurde, und nicht ohne die Zustimmung der Eltern oder der Mutter.

Wie ist die Benutzung der durch In-vitro-Befruchtung erlangten Embryonen zu Forschungszwecken moralisch zu bewerten?

Die *in vitro* gezeugten Embryonen sind menschliche Wesen und Rechtssubjekte: Ihre Würde und ihr Recht auf Leben müssen schon vom ersten Augenblick ihrer Existenz an geachtet werden. Es ist unmoralisch, menschliche Embryonen zum Zweck der Verwertung als frei verfügbares »biologisches Material« herzustellen.
In der üblichen Praxis der In-vitro-Befruchtung werden nicht alle Embryonen in den Mutterleib übertragen; einige werden zerstört. So wie sie die vorsätzliche Abtreibung verurteilt, verbietet die Kirche auch jeden Anschlag auf das Leben dieser menschlichen Wesen. Es ist nötig, auf die besondere Schwere der freiwilligen Zerstörung der menschlichen Embryonen hinzuweisen, die nur zum Zweck der Forschung – sei es mittels künstlicher Befruchtung, sei es mittels »Zwillingsspaltung« – *in vitro* hergestellt worden sind. Der Forscher, der so handelt, setzt sich an die Stelle Gottes und macht sich, auch wenn er sich dessen nicht bewußt ist, zum Herrn des Geschicks anderer, insofern er sowohl nach Belieben auswählt, wen er leben läßt und wen er zum Tod verurteilt, als auch insofern er wehrlose Menschen umbringt.
Aus demselben Grund sind Beobachtungs- und Versuchsmethoden, die *in vitro* gewonnenen Embryonen Schaden zufügen oder sie schwerwiegenden und unverhältnismäßigen Risiken aussetzen, moralisch unerlaubt. Jedes menschliche Wesen muß um seiner selbst willen geachtet werden und darf nicht auf den bloßen und einfachen Wert eines Mittels zum Vorteil anderer herabgewürdigt werden. Es entspricht deshalb nicht der Moral, in vitro hervorgebrachte menschliche Embryonen bewußt dem Tod auszusetzen. Infolge der Tatsache, daß sie *in vitro* hergestellt wurden, bleiben diese nicht in den Mutterleib übertragenen und als »überzählig« bezeichneten Embryonen einem absurden Schicksal ausgesetzt, ohne Möglichkeit, ihnen sichere und moralisch einwandfreie Überlebensmöglichkeiten bieten zu können.

Welches Urteil ist über die anderen Verfahren zur Manipulation von Embryonen im Zusammenhang mit den »Techniken menschlicher Reproduktion« abzugeben?

Die Techniken der *In-vitro*-Befruchtung können die Möglichkeit für andere Formen biologischer oder genetischer Manipulation menschlicher Embryonen eröffnen, und zwar: Versuche oder Pläne zur Befruchtung zwischen menschlichen und tierischen Keimzellen und zur Austragung menschlicher Embryonen in tierischen Gebärmüttern; das hypothetische Vorhaben oder den Plan, künstliche Gebärmütter für den menschlichen Embryo zu konstruieren. Diese Verfahren widersprechen der dem Embryo eigenen Würde als eines menschlichen Wesens und verletzen gleichzeitig das Recht jeder Person, innerhalb der Ehe und durch die Ehe empfangen und geboren zu werden.[5] Auch die Versuche und Hypothesen, die darauf abzielen, ein menschliches Wesen ohne jede Verbindung mit der Sexualität mittels »Zwillingsspaltung«, Klonierens oder Parthenogenese zu gewinnen, steht im Gegensatz zur Moral, weil sie sowohl der Würde der menschlichen Fortpflanzung als auch derjenigen der ehelichen Vereinigung widersprechen.

Auch das Einfrieren der Embryonen, selbst wenn es zur Garantie der Lebenserhaltung des Embryos durchgeführt wird (Kryokonservierung), stellt eine Beleidigung der dem menschlichen Wesen geschuldeten Achtung dar, insofern es sie schwerwiegenden Gefahren des Todes oder der Schädigung ihrer physischen Integrität aussetzt, sie zumindest zeitweise der mütterlichen Aufnahme und Austragung entzieht und sie einer von weiteren Verletzungen und Manipulationen bedrohten Lage aussetzt.

Einige Versuche, in das chromosomale oder das genetische Gut einzugreifen, sind nicht therapeutischer Natur, sondern zielen auf die Produktion menschlicher Wesen, die nach dem Geschlecht oder anderen vorher festgelegten Eigenschaften ausgewählt werden. Diese Manipulationen stehen im Gegensatz zur personalen Würde des menschlichen Wesens, seiner Integrität und seiner Identität. Sie können daher in keiner Weise gerechtfertigt werden im Blick auf mögliche wohltätige Folgen für die künftige Menschheit.[6] Jede Person muß um ihrer selbst willen geachtet werden: Darin besteht die Würde und das Recht jedes menschlichen Wesens schon von seinem Beginn an. (...)

Warum muß die menschliche Fortpflanzung in der Ehe stattfinden?

Jedes menschliche Wesen muß immer als Geschenk und Segen Gottes aufgenommen werden. Aus moralischer Sicht muß jedoch eine gegenüber dem Ungeborenen wahrhaft verantwortliche Zeugung die Frucht der Ehe sein.

Die menschliche Fortpflanzung hat nämlich kraft der personalen Würde der Eltern und Kinder spezifische Eigenschaften: Die Zeugung einer neuen Person, durch die Mann und Frau mit der Macht des Schöpfers mitarbeiten, soll Frucht und Zeichen des gegenseitigen personalen Sich-Schenkens der Eheleute sein, ihrer Liebe und ihrer Treue.[7] Die Treue der Eheleute in der Einheit der Ehe umfaßt die ge-

genseitige Achtung ihres Rechtes, daß der eine nur durch den anderen Vater oder Mutter wird.
Das Kind hat ein Recht darauf, innerhalb der Ehe empfangen, ausgetragen, auf die Welt gebracht und erzogen zu werden: Gerade durch die sichere und anerkannte Beziehung zu den eigenen Eltern kann es seine eigene Identität entdecken und menschlich heranreifen.
Die Eltern finden im Kind eine Bestätigung und Ergänzung ihrer gegenseitigen Hingabe: Es ist der lebendige Widerschein ihrer Liebe, das bleibende Zeichen ihrer ehelichen Gemeinschaft, die lebendige und unauflösliche Einheit ihres Vater- und Mutterseins.[8] (...)

Entspricht die heterologe künstliche Befruchtung der Würde der Eheleute und der Wahrheit der Ehe?

Durch die FIVET und die heterologe künstliche Besamung wird die menschliche Empfängnis mittels der Begegnung von Keimzellen herbeigeführt, die wenigstens von einem Spender herrühren, der von den in der Ehe verbundenen Gatten verschieden ist. Die heterologe künstliche Befruchtung widerspricht der Einheit der Ehe, der Würde der Eheleute, der den Eltern eigenen Berufung und dem Recht des Kindes, in der Ehe und durch die Ehe empfangen und zur Welt gebracht zu werden.[9] (...)
Diese Gründe führen zu einem negativen moralischen Urteil über die heterologe künstliche Befruchtung. Demnach ist moralisch unerlaubt die Befruchtung einer verheirateten Frau mit dem Samen eines von ihrem Ehemann verschiedenen Mannes; ebenso unerlaubt ist die Befruchtung der Eizelle, die von einer anderen Frau stammt, mit dem Samen des Ehemannes. Zudem kann die künstliche Befruchtung einer unverheirateten Frau, sei sie nun ledig oder verwitwet, moralisch nicht gerechtfertigt werden, wer auch immer der Spender ist.

Ist die »Ersatzmutterschaft«[10] *moralisch erlaubt?*

Nein, und zwar aus denselben Gründen, die zur Ablehnung der heterologen künstlichen Befruchtung führen: Denn sie steht im Gegensatz zur Einheit der Ehe und zur Würde der Fortpflanzung der menschlichen Person.
Die Ersatzmutterschaft stellt einen objektiven Verstoß gegenüber den Pflichten der Mutterliebe, der ehelichen Treue und der verantwortlichen Mutterschaft dar; sie beleidigt die Würde und das Recht des Kindes, von den eigenen Eltern empfangen, ausgetragen, zur Welt gebracht und erzogen zu werden; sie führt zum Schaden der Familie eine Trennung zwischen den physischen, psychischen und moralischen Elementen ein, aus denen die Familie besteht. (...)

Welches Band ist aus moralischer Sicht zwischen Fortpflanzung und ehelichem Akt erforderlich?

Die Kirche unterstreicht in ihrer Lehre über die Ehe und die menschliche Fortpflanzung »die von Gott bestimmte unlösbare Verknüpfung der beiden Sinngehalte – liebende Vereinigung und Fortpflanzung –, die beide dem ehelichen Akt innewohnen. Diese Verknüpfung darf der Mensch nicht eigenmächtig auflösen. Seiner innersten Struktur nach befähigt der eheliche Akt, indem er die Eheleute aufs engste miteinander vereint, zugleich zur Zeugung neuen Lebens, entsprechend den Gesetzen, die in die Natur des Mannes und der Frau eingeschrieben sind«.[11] Dieses auf die Natur der Ehe und auf die innige Verknüpfung ihrer Güter begründete Prinzip bringt wohlbekannte Folgen auf der Ebene der verantwortlichen Vaterschaft und Mutterschaft mit sich. »Wenn die beiden wesentlichen Gesichtspunkte der liebenden Vereinigung und der Fortpflanzung beachtet werden, behält der eheliche Akt voll und ganz den Sinngehalt gegenseitiger und wahrer Liebe und seine Hinordnung auf die erhabene Aufgabe der Elternschaft«.[12]
Dieselbe Lehre bezüglich des Bandes zwischen den Sinngehalten des ehelichen Aktes und zwischen den Gütern der Ehe klärt das moralische Problem der homologen künstlichen Befruchtung, denn »es ist nie erlaubt, diese verschiedenen Aspekte dermaßen zu trennen, daß man entweder die Absicht zur Zeugung oder die eheliche Beziehung positiv ausschließt«.[13]
Die Kontrazeption beraubt vorsätzlich den ehelichen Akt seiner Öffnung auf die Fortpflanzung hin und bewirkt so eine gewollte Trennung der Ziele der Ehe. Die homologe künstliche Befruchtung bewirkt objektiv eine analoge Trennung zwischen den Gütern und Sinngehalten der Ehe, indem sie eine Fortpflanzung anstrebt, die nicht Frucht eines spezifischen Aktes ehelicher Vereinigung ist.
Deshalb ist es erlaubt, eine Befruchtung zu wünschen, wenn sie Ergebnis eines »ehelichen Aktes ist, der aus sich heraus zur Zeugung von Nachkommenschaft geeignet ist, auf den die Ehe ihrer Natur nach hingeordnet ist und durch den die Ehegatten ein Fleisch werden«.[14] *Aber die Fortpflanzung ist aus moralischer Sicht ihrer eigenen Vollkommenheit beraubt, wenn sie nicht als Frucht des ehelichen Aktes, also des spezifischen Geschehens der Vereinigung der Eheleute, angestrebt wird. (...)*

Ist die homologe In-vitro-Befruchtung moralisch erlaubt?

Die Antwort auf diese Frage hängt eng von den eben erwähnten Grundsätzen ab. Sicherlich kann man die rechtmäßigen Anliegen der unfruchtbaren Eheleute nicht außer acht lassen; einigen von ihnen erscheint der Rückgriff auf die homologe FIVET als einziges Mittel, um ein aufrichtig gewünschtes Kind zu bekommen: Man fragt sich, ob in diesen Situationen nicht die Gesamtheit des ehelichen Lebens genüge, um die der menschlichen Fortpflanzung entsprechende Würde zu sichern. Man erkennt an, daß die FIVET sicherlich fehlende eheliche Beziehungen nicht zu ersetzen vermag und nicht den spezifischen Akten der ehelichen Vereinigung vorgezogen werden darf, wenn man die Gefahren, die sie für das Kind mit sich bringen kann, und die Mängel des Verfahrens vor Augen hat. Aber – so fragt man – falls es unmöglich wäre, die Sterilität, die Ursache von Leid ist, anders zu beheben, kann dann die homologe In-vitro-Befruchtung nicht eine Hilfe, ja sogar eine Therapie darstellen, und kann deshalb dann nicht deren moralische Zulässigkeit angenommen werden?

Der Wunsch nach einem Kind – oder zumindest die Bereitschaft dazu, das Leben weiterzugeben – ist aus moralischer Sicht für eine verantwortliche menschliche Zeugung erforderlich. Doch diese gute Absicht ist für eine moralisch positive Bewertung der In-vitro-Befruchtung zwischen Eheleuten nicht ausreichend. Das Verfahren der FIVET muß in sich selbst bewertet werden; es kann seine endgültige moralische Bewertung weder aus dem ehelichen Leben in seiner Gesamtheit herleiten, in das es sich einfügt, noch von den ehelichen Akten, die ihm vorangehen, noch von denen, die ihm folgen mögen. Es ist schon daran erinnert worden, wie unter den Umständen, in denen sie üblicherweise praktiziert wird, die FIVET die Zerstörung menschlicher Wesen mit sich bringt, eine Tatsache, die sich gegen die schon vorgelegte Lehre über die Unerlaubtheit der Abtreibung richtet. Aber auch in dem Fall, in dem alle Vorsichtsmaßnahmen zur Vermeidung des Todes der menschlichen Embryonen angewandt würden, bewirkt die homologe FIVET die Trennung der auf die menschliche Befruchtung ausgerichteten Handlungen vom ehelichen Akt. Deshalb muß man die eigentliche Natur der homologen FIVET in Betracht ziehen und dabei auch von der Verbindung zur Abtreibung absehen.

Die homologe FIVET wird außerhalb des Leibes der Eheleute mit der Hilfe der Handlungen dritter Personen durchgeführt, deren Kompetenz und technische Leistung den Erfolg des Eingriffs bestimmen; sie vertraut das Leben und die Identität des Embryos der Macht der Mediziner und Biologen an und errichtet eine Herrschaft der Technik über Ursprung und Bestimmung der menschlichen Person. Eine derartige Beziehung von Beherrschung widerspricht in sich selbst der Würde und der Gleichheit, die Eltern und Kindern gemeinsam sein muß.

Die Empfängnis *in vitro* ist Ergebnis einer technischen Handlung, die die Befruchtung vornehmlich bestimmt; sie ist nicht Ausdruck und Frucht eines spezifischen Aktes ehelicher Vereinigung; weder wird sie tatsächlich so herbeigeführt noch wird sie positiv angestrebt als Ausdruck und Frucht eines spezifischen Aktes der ehelichen Vereinigung. Selbst wenn man sie im Kontext der tatsächlich bestehenden ehelichen Beziehungen betrachtet, ist in der homologen FIVET die Zeugung der menschlichen Person objektiv der ihr eigenen Vollkommenheit beraubt; nämlich Zielpunkt und Frucht eines ehelichen Aktes zu sein, durch den die Eheleute »im Schenken des Lebens an eine neue menschliche Person zu Mitarbeitern Gottes« werden.

Diese Gründe lassen verstehen, warum in der Lehre der Kirche der eheliche Liebesakt als der einzige der menschlichen Fortpflanzung würdige Ort angesehen wird. Aus denselben Gründen bleibt auch der sogenannte »einfache Fall« – also ein homologes FIVET-Verfahren, das von jeder kompromittierenden Verbindung mit der Abtreibungspraxis, der Zerstörung von Embryonen und der Masturbation frei wäre – eine moralisch unerlaubte Technik, weil sie die menschliche Fortpflanzung der ihr eigenen und naturgemäßen Würde beraubt.

Sicherlich ist die homologe FIVET nicht von all der ethischen Negativität belastet, die man in der außerehelichen Fortpflanzung vorfindet; Familie und Ehe bleiben weiterhin der Raum für die Geburt und die Erziehung des Kindes. Dennoch – in Übereinstimmung mit der traditionellen Lehre über die Güter der Ehe und die Würde der Person – bleibt die Kirche aus moralischer Sicht bei der Ablehnung der homologen In-vitro-Befruchtung; diese ist in sich unerlaubt und steht in Widerspruch zur Würde der Fortpflanzung und der ehelichen Vereinigung, selbst wenn alles getan wird, um den Tod des menschlichen Embryos zu vermeiden. (...)

Wie ist die künstliche homologe Besamung aus moralischer Sicht zu bewerten?

Die homologe künstliche Besamung innerhalb der Ehe kann nicht zugelassen werden, mit Ausnahme des Falls, in dem das technische Mittel nicht den ehelichen Akt ersetzen, sondern ihn erleichtern und ihm helfen würde, sein natürliches Ziel zu erreichen.

Die Unterweisung des Lehramtes zu diesem Thema ist schon dargelegt worden. Sie ist nicht bloß Ausdruck besonderer historischer Umstände, sondern sie fußt auf der Lehre der Kirche über die Verknüpfung zwischen ehelicher Vereinigung und Fortpflanzung sowie auf der Betrachtung der personalen Natur des ehelichen Aktes. »Der eheliche Akt ist seiner natürlichen Struktur nach eine persönliche Handlung, ein gleichzeitiges unmittelbares Zusammenwirken der Eheleute. Dieses ist wegen der Natur derer, die hier tätig sind, und wegen der Eigenart des Aktes der Ausdruck gegenseitiger Hingabe, die nach einem Wort der Heiligen Schrift zur Einheit in einem Fleisch führt.« Deshalb »verwirft« das moralische Gewissen »jedoch nicht notwendigerweise die Anwendung gewisser künstlicher Hilfsmittel, die einzig dazu dienen, den natürlichen Akt zu erleichtern oder dem normal vollzogenen Akt zu seinem Ziel zu verhelfen«. Wenn das technische Mittel den ehelichen Akt erleichtert oder ihm hilft, seine natürlichen Ziele zu erreichen, kann es moralisch bejaht werden. Falls sich hingegen der technische Eingriff an die Stelle des ehelichen Aktes setzen sollte, ist er moralisch unerlaubt.

aus: Instruktion der Kongregation für die Glaubenslehre über die Achtung vor dem beginnenden menschlichen Leben und die Würde der Fortpflanzung. Antworten auf einige aktuelle Fragen, vom 10. März 1987. Hrsg. Sekretariat der Deutschen Bischofskonferenz, Bonn 1987 (= VAS 74), 1. Kap., Nrr. 4–6, 2. Kap., Nrr. 1–6 (in Auszügen), S. 16–19, 21–24, 26–28 und 37–39.

Worterklärungen:

FIVET = In-vitro-Befruchtung und Embryoübertragung
homolog = vom Ehemann stammend
heterolog = von einem fremden Mann stammend
in vitro = im (Reagenz-)Glas = künstlich

Anmerkungen

[1] Da die Ausdrücke »Forschung« und »Versuch« häufig äquivalent und zweideutig benutzt werden, erscheint es notwendig, die ihnen im vorliegenden Dokument beigelegte Bedeutung zu präzisieren.
1. Unter *Forschung* wird jede induktiv-deduktive Vorgehensweise verstanden, die darauf zielt, die systematische Untersuchung eines vorliegenden Phänomens im menschlichen Bereich zu fördern oder eine aus früheren Untersuchungen hervorgegangene Hypothese zu überprüfen.
2. Unter *Experiment* wird jede Forschung verstanden, in der das menschliche Wesen (in den verschiedenen Abschnitten seiner Existenz: als Embryo, Fötus, Kind oder Erwachsener) den Gegenstand darstellt, mittels dessen oder an dem die Wirkung einer gegebenen Behandlungsmethode (z. B. eine pharmakologische, theratogene, chirurgische etc.), sei sie nun bekannt oder noch nicht bekannt, geprüft werden soll.

[2] Vgl. Johannes Paul II., Ansprache an die Teilnehmer eines Treffens der Päpstlichen Akademie der Wissenschaften, 23. Oktober 1982: AAS 75 (1983) 37: »Ich verurteile ausdrücklich und offiziell experimentelle Eingriffe am menschlichen Embryo, da ein menschliches Wesen vom Augenblick der Zeugung bis zum Tod für keinen wie immer gearteten Zweck mißbraucht werden darf.«

[3] Hl. Stuhl, Charta der Familienrechte, 4b: L'Osservatore Romano, 25. November 1983.

[4] Vgl. Johannes Paul II., Ansprache an die Teilnehmer der Tagung der »Bewegung für das Leben«, 3. Dez. 1982: Insegnamenti di Giovanni Paolo II, V, 3 (1982) 1511: »Unannehmbar ist jede Art von Experiment mit dem Fötus, das dessen Integrität schädigen oder seinen gesundheitlichen Zustand verschlimmern könnte, es sei denn, es handelt sich um einen letzten Versuch, ihn vom Tod zu retten.« Hl. Kongregation für die Glaubenslehre, Erklärung zur Euthanasie, 4: AAS 72 (1980) 550: »In Ermangelung anderer Mittel ist es mit Zustimmung des Kranken zulässig, sich der von den Fortschritten der Medizin zur Verfügung gestellten Heilmittel zu bedienen, auch wenn sich diese noch im Versuchsstadium befinden und nicht ohne Risiko sind.«

[5] Niemand kann vor seinem Dasein ein subjektives Recht auf Beginn seiner Existenz geltend machen; es ist jedoch legitim, das Recht des Kindes zu bejahen, einen ganz und gar menschlichen Ursprung durch die der personalen Natur des menschlichen Wesens entsprechende Empfängnis zu haben. Das Leben ist ein Geschenk, dem sowohl das Subjekt, das es empfängt, als auch die Subjekte, die es weitergeben, in würdiger Weise entsprechen müssen. Diese Präzisierung muß man auch für das, was zur künstlichen menschlichen Fortpflanzung gesagt werden wird, vor Augen haben.

[6] Vgl. Johannes Paul II., Ansprache an die Teilnehmer der 35. Generalversammlung des Weltärztebundes, 29. Oktober 1983: AAS 76 (1984) 391.

[7] Vgl. Pastoralkonst. Gaudium et spes, 50.

[8] Vgl. Johannes Paul II., Apost. Schreiben Familiaris consortio, 14: AAS 74 (1982) 96.

[9] Vgl. Pius XII., Ansprache an die Teilnehmer des IV. Internationalen Kongresses katholischer Ärzte, 29. September 1949: AAS 41 (1949) 559. Nach dem Plan des Schöpfers »verläßt der Mann Vater und Mutter und bindet sich an seine Frau, und sie werden ein Fleisch« (Gen 2,24). Die Einheit der Ehe, die an die Schöpfungsordnung gebunden ist, ist eine Wahrheit, die der natürlichen Vernunft zugänglich ist. Die Tradition und das Lehramt der Kirche beziehen sich häufig auf das Buch Genesis, sowohl direkt als auch über die Stellen des Neuen Testamentes, die sich darauf beziehen: Mt 19,4–6; Mk 10,5–8; Eph 5,31. Vgl. Athenagoras, Legatio pro christianis, 33: PG 6, 965–967; Hl. Johannes Chrysostomus, In Matthaeum homiliae, LXII, 19, 1; PG 58, 597; Hl. Leo d. Gr., Epistula ad Rusticum, 4: PL 54, 1204; Innozenz III., Epist. Gaudemus in Domino: DS 778; II. Konzil von Lyon, IV sess.: DS 860; Konzil von Trient, XXIV sess.: DS 1798, 1802; Leo XIII., Enzyklika Arcanum divinae sapientiae: ASS 12 (1879–80) 388–391; Pius XI., Enzyklika Casti connubii: AAS 22 (1930) 546–547; II. Vatikanisches Konzil, Pastoralkonstitution Gaudium et spes, 48; Johannes Paul II., Apostolisches Schreiben Familiaris consortio, 19: AAS 74 (1982) 101–102; CIC can. 1056.

[10] Unter der Bezeichnung »Ersatzmutter« versteht die Instruktion:

a) die Frau, die einen in ihre Gebärmutter eingepflanzten Embryo austrägt, der ihr genetisch fremd ist, weil er durch die Vereinigung der Keimzellen von »Spendern« erlangt wurde mit der Verpflichtung, das Kind nach seiner

Geburt demjenigen zu übergeben, der eine solche Austragung in Auftrag gegeben hat oder vereinbart hat;
b) die Frau, die einen Embryo austrägt, zu dessen Zeugung sie mit der Spende ihrer eigenen Eizelle beigetragen hat, die durch Besamung mit dem Samen eines von ihrem Gatten verschiedenen Mannes befruchtet wurde mit der Verpflichtung, das Kind nach seiner Geburt demjenigen zu übergeben, der die Austragung in Auftrag gegeben oder vereinbart hat.

[11] Paul VI., Enzyklika Humanae vitae, 12: AAS 60 (1968) 488–489.

[12] Ebd. 489.

[13] Pius XII., Ansprache an die Teilnehmer des II. Weltkongresses in Neapel über die menschliche Fruchtbarkeit und Sterilität, 19. Mai 1956: AAS 48 (1956) 470.

[14] Cic can. 1061. Gemäß diesem Kanon ist der eheliche Akt jener, durch den die Ehe vollzogen wird, wenn ihn die Ehegatten »auf menschliche Weise miteinander gesetzt haben«.

Weitere Stellungnahmen:

Papst Pius XII., Ansprache an katholische Ärzte, 29. September 1949; dt. in: Soziale Summe Pius XII., a. O., S. 500–506; hier vor allem Kap. 3: Das Urteil der Moral über die »künstliche Befruchtung«, S. 503–505.

Ders., Ansprache an die Mitglieder des Verbandes katholischer Hebammen Italiens, 29. Oktober 1951; dt. in: Soziale Summe Pius XII., a. O., S. 507–533; hier vor allem 4. Kap., Nr. 3: Die Bedeutung der »Persönlichkeitswerte« für die Ehe, S. 527–529.

Ders., Ansprache an die Teilnehmer des Zweiten Weltkongresses zum Studium der Fruchtbarkeit und Sterilität (Neapel), 19. Mai 1956; dt. in: Soziale Summe Pius XII., a. O., S. 2721–2730; hier vor allem S. 2726 f.

»Anthropologische Aspekte für das Verständnis entscheidend«. Einführende Bemerkungen von Kardinal Joseph Ratzinger zur neuen Instruktion vor der internationalen Presse am 10. März 1987; dt. in: L'Osservatore Romano Nr. 11, 13. 3. 1987, S. 14 f.

Kardinal Joseph Höffner, Das Kind aus der Retorte. Hrsg. Presseamt des Erzbistums Köln, Köln o. J., 3. Aufl. (= Zeitfragen Heft 28).

8.12 Glaube und (Natur-)Wissenschaft

Bei seinem ersten Deutschlandbesuch sprach Papst Johannes Paul II. am 15. November 1980 im Kölner Dom vor Studenten und Wissenschaftlern u. a. diese Worte:

3. Viele sehen den Kern dieser Fragen im Verhältnis von Kirche und moderner Naturwissenschaft, und sie empfinden noch die Belastung durch jene berühmten Konflikte, die aus dem Eingriff kirchlicher Instanzen in den Prozeß wissenschaftlichen Erkenntnisfortschritts ent-

standen sind. Die Kirche erinnert sich daran mit Bedauern, denn wir wissen heute um die Irrtümer und Mängel dieser Verfahren. Wir können heute sagen, daß sie überwunden sind: Dank der Überzeugungskraft der Wissenschaft, dank vor allem der Arbeit einer wissenschaftlichen Theologie, welche das Glaubensverständnis vertieft und von Zeitgebundenem befreit hat. Das kirchliche Lehramt hat seit dem I. Vatikanischen Konzil mehrfach jene Grundsätze wieder in Erinnerung gerufen, zuletzt und ausdrücklich im II. Vaticanum (Gaudium et spes, Nr. 36), die schon in Alberts des Großen Werk erkennbar sind. Es hat ausdrücklich die Unterschiedlichkeit der Erkenntnisordnungen von Glaube und Vernunft ausgesprochen, es hat die Autonomie und Freiheit der Wissenschaften anerkannt und ist für die Freiheit der Forschung eingetreten. Wir fürchten nicht, ja, wir halten es für ausgeschlossen, daß eine Wissenschaft, die sich auf Vernunftgründe stützt und methodisch gesichert fortschreitet, zu Erkenntnissen gelangt, die in Konflikt mit der Glaubenswahrheit kommen. Dies kann nur dort der Fall sein, wo die Unterschiedlichkeit der Erkenntnisordnungen übersehen oder verleugnet wird.

Diese Einsicht, die von den Wissenschaftlern vollzogen werden sollte, könnte die geschichtliche Belastung des Verhältnisses von Kirche und Naturwissenschaften überwinden helfen und einen partnerschaftlichen Dialog ermöglichen, wie er ja schon vielfach im Gang ist. Es geht dabei nicht nur um Vergangenheitsbewältigung, sondern um neuartige Probleme, die sich aus der Rolle der Wissenschaften in der heutigen Gesamtkultur ergeben.

Die naturwissenschaftliche Erkenntnis hat zu einer tiefgreifenden Umgestaltung der menschlichen Technik geführt. In der Folge haben sich die Bedingungen des menschlichen Lebens auf dieser Erde in unerhörtem Maße verändert und weitgehend auch verbessert. Der Fortschritt wissenschaftlicher Erkenntis wurde zum Motor eines allgemeinen kulturellen Fortschritts. Technische Weltveränderung erschien vielen als Sinn und Ziel der Wissenschaft. Inzwischen hat sich gezeigt, daß der zivilisatorische Fortschritt nicht immer die Lebensumstände verbessert. Es gibt unbeabsichtigte und unvorhergesehene Folgen, die gefährlich und verderblich werden können. Ich erinnere nur an das ökologische Problem, das durch den Fortschritt der technisch-wissenschaftlichen Industrialisierung entstanden ist. So entstehen ernste Zweifel, ob denn der Fortschritt insgesamt dem Menschen diene. Solche Zweifel schlagen zurück auf die technisch verstandene Wissenschaft. Ihr Sinn, ihre Zielsetzung, ihre menschliche Bedeutung werden in Frage gestellt.

Besonderes Gewicht erhält diese Frage angesichts der Anwendung naturwissenschaftlichen Denkens auf den Menschen. Die sogenannten Humanwissenschaften haben durchaus wichtige und weiterführende Erkenntnisse über menschliches Tun und Verhalten erbracht. Sie stehen aber in Gefahr, in einer technisch bestimmten Kultur zur Manipulation des Menschen, zu Zwecken ökonomischer und politischer Herrschaft mißbraucht zu werden.

Wird die Wissenschaft wesentlich als »technisch« verstanden, so kann man sie als die Suche nach solchen Verfahren auffassen, die zu einem technischen Erfolg führen. Als »Erkenntnis« gilt dann, was zum Erfolg führt. Die der Wissenschaft vorgegebene Welt wird zum bloßen Komplex beeinflußbarer Phänomene, ihr Gegenstand ein funktionaler Zusammenhang, der auch nur auf seine Funktionalität hin untersucht wird. Solche Wissenschaft wird sich selbst als bloße Funktion auffassen können. Der Gedanke der Wahrheit wird dann entbehrlich, ja es wird zuweilen ausdrücklich auf ihn verzichtet. Die Vernunft selbst erscheint schließlich als bloße Funktion oder als Instrument eines Wesens, das den Sinn seines Daseins außerhalb von Erkenntnis und Wissenschaft, womöglich im bloßen Leben hat.

Unsere Kultur ist in allen Bereichen von einer Wissenschaft durchdrungen, die weithin funktionalistisch verfährt. Das gilt auch für den Bereich der Werte und Normen, der geistigen Orientierung überhaupt. Gerade hier stößt die Wissenschaft an ihre Grenze. Man spricht von einer Legitimationskrise der Wissenschaft, ja von einer Orientierungskrise unserer gesamten wissenschaftlichen Kultur. Wo liegt ihr Kern? Die Wissenschaft selbst kann nicht die umfassende Antwort auf die Frage nach dem Sinn geben, die sich in der Krise stellt. Wissenschaftliche Aussagen sind immer partikulär. Sie rechtfertigen sich nur im Hinblick auf einen bestimmten Ansatz, sie stehen in einem Prozeß des Fortschritts und sind in ihm korrigierbar und überholbar. Vor allem aber: Wie könnte etwas das Resultat eines wissenschaftlichen Ansatzes sein, was diesen Ansatz allererst rechtfertigen und also von diesem schon vorausgesetzt sein muß?

Die einzelne Wissenschaft kann die Sinnfrage nicht beantworten, ja sie nicht einmal im Rahmen ihres Ansatzes stellen. Und doch duldet diese Sinnfrage keinen unbegrenzten Aufschub ihrer Beantwortung. Wenn eine verbreitete Wissenschaftsgläubigkeit enttäuscht wird, so schlägt leicht die Stimmung um in Wissenschaftsfeindlichkeit. In diesen leeren Raum brechen unversehens Ideologien ein. Sie gebärden sich zuweilen zwar als »wissenschaftlich«, verdanken aber ihre Überzeugungskraft dem dringenden Bedürfnis nach Antwort auf die Sinnfrage und dem Interesse an sozialer oder politischer Veränderung. Die funktionalistische, wertfreie und wahrheitsentfremdete Wissenschaft kann durchaus in den Dienst solcher Ideologien treten; eine nur noch instrumentelle Vernunft droht unfrei zu werden.

Schließlich gibt es noch neue Erscheinungen von Aberglaube, von Sektierertum und sogenannten »neuen Religionen«, deren Auftreten mit der kulturellen Orientierungskrise zusammenhängt ...

Die Einsicht in die personale Würde des Menschen und ihre maßgebende Bedeutung ist nicht erst durch den Glauben möglich. Sie ist auch der natürlichen Vernunft nicht verschlossen, die wahr und falsch, gut und böse unterscheidet und die Freiheit als Grundbedingung menschlichen Daseins erkennt. Es ist ein ermutigendes Zeichen, daß sie sich weltweit verbreitet; nichts anderes besagt ja der Gedanke der Menschenrechte, dem sich selbst jene nicht entziehen können, welche ihm in ihren Taten entgegenhandeln. Es besteht Hoffnung, und diese Hoffnung wollen wir ermutigen.

Es mehren sich auch die Stimmen, die sich mit der immanenten Beschränkung der Wissenschaften nicht zufriedengeben wollen und die nach der einen ganzen Wahrheit fragen, in der sich das menschliche Leben erfüllt. Es ist, als ob Wissen und wissenschaftliche Forschung ins Unendliche sich ausdehnten, so aber gerade sich wieder unaufhaltsam in ihre Ursprünge zurückbeugten: Die alte Frage nach dem Zusammenhang von Wissen und Glauben ist durch die Entwicklung der modernen Wissenschaften nicht überholt, sondern sie zeigt gerade in einer mehr und mehr wissenschaftlichen Welt ihre volle lebenskräftige Bedeutung ...

In einer vergangenen Epoche haben Vorkämpfer der neuzeitlichen Wissenschaft gegen die Kirche mit den Schlagworten Vernunft, Freiheit und Fortschritt gekämpft. Heute, angesichts der Sinnkrise der Wissenschaft, der vielfältigen Bedrohung ihrer Freiheit und des Zweifels am Fortschritt, haben sich die Kampfesfronten geradezu vertauscht.

Heute ist es die Kirche, die eintritt für die Vernunft und die Wissenschaft, der sie die Fähigkeit zur Wahrheit zutraut, welche sie als humanen Vollzug legitimiert.

Heute ist es die Kirche, die eintritt für die Freiheit der Wissenschaft, durch die sie ihre Würde als menschliches, personales Gut hat.

Heute ist es die Kirche, die eintritt für den Fortschritt im Dienste einer Menschheit, die seiner zur Sicherung ihres Lebens und ihrer Würde bedarf.

Mit dieser Aufgabe steht die Kirche und stehen alle Christen im Zentrum der Auseinandersetzungen unserer heutigen Zeit. Eine tragfähige Lösung für die drängenden Fragen nach dem Sinn der menschlichen Existenz, nach den Maßstäben des Handelns und nach den Perspektiven einer weiterreichenden Hoffnung ist nur in der erneuerten Verbindung des wissenschaftlichen Denkens mit der wahrheitssuchenden Glaubenskraft des Menschen möglich.

aus: Predigten und Ansprachen von Papst Johannes Paul II. bei seinem Pastoralbesuch in Deutschland sowie Begrüßungsworte und Reden, die an den Heiligen Vater gerichtet wurden (15. bis 19. November 1980). Offizielle Ausgabe. Hrsg. Sekretariat der Deutschen Bischofskonferenz, Bonn 1981, 3. Aufl. (= VAS 25A), S. 28–30, 32f.

Weitere Stellungnahmen:

Papst Johannes Paul II., Ansprache bei der Generalaudienz am 17. Juli 1985; in: DAS 1985, S. 143–147.

Ders., Ansprache an die Teilnehmer des im Vatikan abgehaltenen Kongresses »Die Grenzen der Kosmologie« am 6. Juli 1985; in: DAS 1985, S. 1458–1461.

Ders., Ansprache an zwei Arbeitsgruppen der Päpstlichen Akademie der Wissenschaften am 21. Oktober 1985; in: DAS 1985, S. 1585–1589.

Ders., Ansprache an die Teilnehmer eines wissenschaftlichen Kolloquiums am 5. September 1986; in: DAS 1986, S. 1590–1593.

Ders., Ansprache an die Päpstliche Akademie der Wissenschaften anläßlich ihres 50jährigen Bestehens am 28. Oktober 1986; in: DAS 1986, S. 1676–1686.

Ders., Ansprache an die Teilnehmer eines Kongresses aus Anlaß der Newton-Publikation »Philosophiae Naturalis Principia Mathematica« vor 300 Jahren am 26. September 1987; dt. in: L'Osservatore Romano Nr. 51/52, 18. Dezember 1987, S. 11f.

Quid est homo? Zur anthropologischen Relevanz der modernen Wissenschaften. Beiträge des Gesprächs zwischen Bischöfen und Wissenschaftlern am 3. Juni 1982 in der Universität Bonn. Hrsg. Sekretariat der Deutschen Bischofskonferenz, Bonn 1982 (= Arbeitshilfen 32).

Kardinal Joseph Ratzinger, Schwierigkeiten mit dem Glauben in Europa heute; dt. in: L'Osservatore, Nr. 30/31, 28. 7. 1989, S. 6f.

8.13 Homosexualität

In einem Schreiben der römischen Kongregation für die Glaubenslehre vom 30. Oktober 1986 ist zu lesen:

7. Die Kirche, die ihrem Herrn gehorsam ist, der sie gegründet und ihr das sakramentale Leben eingestiftet hat, feiert den göttlichen Plan der Liebe und der Leben schenkenden Vereinigung von Mann und Frau im Sakrament der Ehe. Einzig und allein in der Ehe kann der Gebrauch der Geschlechtskraft moralisch gut sein. Deshalb handelt eine Person, die sich homosexuell verhält, unmoralisch.

Sich einen Partner gleichen Geschlechts für das sexuelle Tun auswählen, heißt die rechte Symbolik verungültigen, die Bedeutung, um nicht von den Zielen zu sprechen, des Plans des Schöpfers bezüglich der Geschlechtlichkeit des Menschen. Homosexuelles Tun führt ja nicht zu einer komplementären Vereinigung, die in der Lage wäre, das Leben weiterzugeben, und widerspricht darum dem Ruf nach einem Leben solcher Selbsthingabe, von der das Evangelium sagt, daß darin das Wesen christlicher Liebe bestehe. Dies will nicht heißen, homosexuelle Personen seien nicht oft großzügig und würden sich nicht selbstlos verhalten; wenn sie sich jedoch auf homosexuelles Tun einlassen, bestärken sie in sich selbst eine ungeordnete sexuelle Neigung, die von Selbstgefälligkeit geprägt ist.

Wie es bei jeder moralischen Unordnung der Fall ist, so verhindert homosexuelles Tun die eigene Erfüllung und das eigene Glück, weil es der schöpferischen Weisheit Gottes entgegensteht. Wenn die Kirche irrige Meinungen bezüglich der Homosexualität zurückweist, verteidigt sie eher die – realistisch und authentisch verstandene – Freiheit und Würde des Menschen, als daß sie diese einengen würde ...

11. Einige vertreten die Ansicht, homosexuelle Neigung sei in bestimmten Fällen nicht das Ergebnis einer freien Entscheidung; die homosexuellen Personen hätten keine andere Wahl, sondern müßten sich homosexuell verhalten. Daher handle eine solche Person, selbst wenn sie sich auf homosexuelles Tun einlasse, wegen fehlender Freiheit nicht schuldhaft.

Hier ist es nötig, sich an die Weisheit der moralischen Überlieferung der Kirche zu halten, die vor Verallgemeinerungen im Urteil aller Einzelfälle warnt. In der Tat können in einem bestimmten Fall Umstände auftreten oder in der Vergangenheit aufgetreten sein, welche die Schuldhaftigkeit des einzelnen vermindern oder geradezu aufheben, während andere Umstände sie wiederum vermehren können. Was auf jeden Fall vermieden werden muß, ist die ebenso unbegründete wie demütigende Annahme, das geschlechtliche Verhalten homosexueller Partner sei immer und vollständig dem Zwang unterworfen und daher frei von Schuld. In Wirklichkeit muß auch bei den Personen mit homosexueller Neigung jene grundlegende Freiheit anerkannt werden, welche die menschliche Person als solche charakterisiert und ihr eine besondere Würde verleiht. Wie bei jeder Umkehr vom Bösen kann, dank dieser Freiheit, das von der göttlichen Gnade erleuchtete und gestärkte Mühen es jenen Personen gestatten, homosexuelles Tun zu lassen.

12. Was sollen demnach homosexuelle Personen tun, die dem Herrn folgen wollen? Grundsätzlich sind sie dazu aufgerufen, den Willen Gottes in ihrem Leben zu verwirklichen, indem sie alle Leiden und Schwierigkeiten, die sie aufgrund ihrer Lage zu tragen haben, mit dem Kreuzesopfer Christi vereinigen. Für den Glaubenden ist das

Kreuz ein segenbringendes Opfer, weil aus jenem Tod Leben und Erlösung erstehen. Auch wenn jeder Aufruf, das Kreuz zu tragen oder das Leiden eines Christen in dieser Weise zu verstehen, voraussichtlich von einigen belächelt werden wird, sei daran erinnert, daß dies der Weg zur Erlösung für *all* jene ist, die Christus nachfolgen.

In Wirklichkeit ist dies nichts anderes als die Unterweisung, die der Apostel Paulus den Galatern vorlegt, wenn er sagt, daß der Geist im Leben der Gläubigen »Liebe, Freude, Friede, Langmut, Freundlichkeit, Güte, Treue, Sanftmut und Selbstbeherrschung« hervorbringt, und dann fortfährt: »Ihr könnt nicht zu Christus gehören, wenn ihr nicht das Fleisch mit seinen Leidenschaften und Begierden gekreuzigt habt« (Gal 5,22.25).

Dieser Aufruf wird jedoch leicht mißverstanden, wenn er als ein doch zweckloses Bemühen um Selbstverleugnung angesehen wird. Das Kreuz ist gewiß ein Ausdruck der Selbstverleugnung, die aber im Dienst des Willens Gottes steht, der aus dem Tod Leben erstehen läßt und der jene, die ihm vertrauen, befähigt, den Weg der Tugend anstatt den des Lasters zu gehen.

Man feiert das Paschamysterium wirklich nur dann, wenn man das Gewebe des täglichen Lebens von ihm durchdringen läßt. Wer sich weigert, seinen eigenen Willen in Gehorsam dem Willen Gottes zu unterwerfen, stellt in Wirklichkeit der Erlösung ein Hindernis in den Weg. Wie das Kreuz zentraler Ausdruck der erlösenden Liebe Gottes zu uns in Jesus Christus ist, so begründet die sich selbst verleugnende Gleichförmigkeit homosexueller Männer und Frauen mit dem Opfer des Herrn für sie eine Quelle der Selbsthingabe, die sie vor einem Leben bewahrt, das sie fortwährend zu zerstören droht.

Homosexuelle Personen sind, wie die Christen insgesamt, dazu aufgerufen, ein keusches Leben zu führen. Wenn sie in ihrem Leben die Natur des persönlichen Rufes Gottes an sie zu verstehen suchen, werden sie das Sakrament der Buße mit größerer Treue feiern und die hier so freigebig angebotene Gnade des Herrn empfangen können, um sich vollkommener zu seiner Nachfolge bekehren zu können.

aus: Schreiben der Kongregation für die Glaubenslehre über die Seelsorge für homosexuelle Personen, in: DAS 1986, Nr. 7, S. 1933f; Nr. 11f, S. 1936f und VAS 72, Nr. 7, S. 6f; Nr. 11f, S. 9f.

Weitere Quellen:

Kongregation für das katholische Bildungswesen. Orientierung zur Erziehung in der menschlichen Liebe. Hinweise zur geschlechtlichen Erziehung vom 1. Dezember 1983, Nrr. 101–103. (= DAS 1983, S. 1649f und VAS 51, S. 38f).

Sinn und Gestaltung menschlicher Sexualität. Ein Arbeitspapier der Sachkommission IV der Gemeinsamen Synode der Bistümer in der Bundesrepublik Deutschland; Nr. 4.4: Zur Problematik der Homosexualität; in: Gemeinsame Synode der Bistümer in der Bundesrepublik Deutschland. Ergänzungsband: Arbeitspapiere der Sachkommissionen. Offizielle Gesamtausgabe II, Freiburg–Basel–Wien 1977, S. 176–178 und Sonderdruck aus »Synode 7/1973«, S. 14–16.

8.14 Judentum (Verhältnis der Kirche zum Judentum)

Aus dem Wort der deutschen Bischöfe zum Verhältnis von Christen und Juden aus Anlaß des 50. Jahrestages der Novemberpogrome 1938:

3. »Ihr seid unsere bevorzugten Brüder«

Die Notwendigkeit, aufeinander einzugehen, stellt sich auch und gerade in der Theologie. Über Jahrhunderte haben Irrtümer, Mißverständnisse und Vorurteile über Glaube und Religion das Verhältnis zwischen Christen und Juden auf beiden Seiten schwer belastet. Hier liegen – neben politischen, sozialen und wirtschaftlichen Ressentiments – die Quellen des Antijudaismus, der auch unter Katholiken verbreitet war. Diese traditionellen Vorurteile haben die Abwehrkräfte gegen das neue Phänomen des modernen Antisemitismus geschwächt, der die Rasse zum höchsten Prinzip erhob und das zentrale Element der nationalsozialistischen Ideologie wurde. Die Judenvernichtung des »Dritten Reiches« hat uns die eigenen Defizite und Versäumnisse schmerzlich bewußt gemacht. »Die schrecklichen Verfolgungen, die die Juden in den verschiedenen Geschichtsepochen erlitten haben, haben endlich die Augen geöffnet und die Herzen aufgerüttelt.« (Papst Johannes Paul II. am 6. März 1982) Dabei durften wir – beschämt und beschenkt zugleich – das jüdische Volk als das Volk des ersten, nie gekündigten Bundes Gottes mit den Menschen wiederentdecken. Anknüpfend an die Lehre des Konzils sagte Papst Johannes Paul II. bei seinem Besuch in der Synagoge von Rom am 13. April 1986: »Die jüdische Religion ist für uns nicht etwas ›Äußerliches‹, sondern gehört in gewisser Weise zum ›Inneren‹ unserer Religion. Zu ihr haben wir somit Beziehungen wie zu keiner anderen Religion. Ihr seid unsere bevorzugten Brüder und, so könnte man gewissermaßen sagen, unsere älteren Brüder.«
Dieses besondere Band zwischen Christen und Juden scheint auf, wenn man den Wurzeln des Christentums nachgeht und das geistli-

che Erbe Israels für die Kirche bedenkt. Der Glaube an den einen Schöpfergott ist uns ebenso gemeinsam wie die Gebote des Dekalogs oder die Hoffnung auf den Messias. Wir Christen sind aufgerufen, unsere Auffassungen über Juden und Judentum unter diesem Gesichtspunkt der Gemeinsamkeit zu prüfen und, wo nötig, zu ändern. Dabei kann es nicht darum gehen, wahrhaft Trennendes zu leugnen oder falsche Kompromisse zu schließen. Uns eint und trennt vor allem die Person Jesu, der Jude war und für uns Christen Sohn Gottes und Erlöser der Welt ist. Das Aufzeigen der gemeinsamen Wurzeln läßt uns aber das Judentum in seiner Identität besser verstehen und hilft uns zugleich, vielleicht verschüttete Dimensionen unseres Glaubens zu erschließen. Diese Klärung sollte – wo immer möglich – von Christen und Juden gemeinsam versucht werden. Über das Alte Testament oder die Bedeutung Jesu etwa kann sich ein für beide Seiten ertragreicher Dialog entfalten. Dringend gefordert und aktuell ist dieser gemeinsame Einsatz von Juden und Christen aber, wenn es um den Glauben an den einen Gott geht. Angesichts der Versuchungen neuer esoterischer Mythen und innerweltlicher Heilsversprechungen ist das Bekenntnis all derer notwendig, die an Gott als den Schöpfer und Erlöser der ganzen Welt glauben.

4. Predigt und Katechese – Über Juden und Judentum angemessen sprechen

Das II. Vaticanum hat mit der Erklärung Nostra aetate das Band, »wodurch das Volk des Neuen Bundes mit dem Stamme Abrahams geistlich verbunden ist«, eindrücklich ins Bewußtsein gehoben. Damit eine wirkliche Begegnung zwischen Christen und Juden möglich wird, hat das Konzil die Förderung der »gegenseitige(n) Kenntnis und Achtung« als wichtige Aufgabe vor Augen gestellt. Die Durchführungsrichtlinien der vatikanischen Kommission für die religiösen Beziehungen zum Judentum konkretisieren dieses Anliegen und legen den Christen ans Herz, zu lernen, »welche Grundzüge für die gelebte religiöse Wirklichkeit der Juden nach ihrem eigenen Verständnis wesentlich sind«. Damit sind nicht nur einzelne Bereiche der Information und Unterweisung angesprochen, sondern »alle Ebenen der christlichen Lehre und Bildung«. Die Spannweite der in den Blick genommenen Informationsmittel reicht von katechetischen Werken über historische Darstellungen bis zu den »Medien der Massenkommunikation (Presse, Radio, Film, Fernsehen)«. Die gleiche Kommission hat vor wenigen Jahren die Gedanken der Richtlinien erneut aufgenommen und inhaltliche »Hinweise für eine richtige Darstellung von Juden und Judentum in der Predigt und in der Katechese der katholischen Kirche« gegeben.

Diesen Bemühungen und Vorgaben auf weltkirchlicher Ebene korrespondieren zahlreiche Initiativen und Maßnahmen in verschiedenen Ortskirchen, die auf eine angemessene Darstellung und Würdigung von Juden und Judentum innerhalb der Verkündigung zielen. Die genannten Erklärungen der drei Bischofskonferenzen fügen sich in diesen Rahmen ebenso ein wie die Verlautbarungen des Gesprächskreises »Juden und Christen« beim Zentralkomitee der deutschen Katholiken. Diese Anstöße und Hilfen tragen bereits erste Früchte. Bei der Ausbildung der Priester, im Religionsunterricht und in der Katechese, bei Tagungen katholischer Akademien und Bildungseinrichtungen oder in kirchlichen Publikationen nimmt diese Thematik einen neuen Stellenwert ein. Eindrucksvoll sind nicht zuletzt die Deutschen Katholikentage, bei denen unter großer Beteiligung der Jugend der christlich-jüdische Dialog und das gemeinsame Gebet seit geraumer Zeit bereits einen besonderen Schwerpunkt bilden. Hierzu gehören auch die beiden Wiener Zusammenkünfte unter dem Titel »Schalom«, weil diese in Österreich wesentlich dazu beigetragen haben, daß die Vertreter der israelitischen Kultusgemeinde zu einem weiterführenden Dialog bereit waren und sind. Auch beim Dresdner Katholikentreffen 1987 spielte die Frage des christlich-jüdischen Gesprächs eine wesentliche Rolle. Dies ist kein Grund zur Selbstzufriedenheit. Es macht aber Mut, fortzufahren und in unseren Bemühungen nicht nachzulassen. Mut macht vor allem, daß ein Teil dieser Initiativen auch von Juden mitgetragen wird. Ihnen schulden wir dankbare Anerkennung.

5. Bemühen um Aussöhnung

Zahlreichen Völkern und Gruppen ist während des »Dritten Reiches« im deutschen Namen großes Leid zugefügt worden. Daß es nochmals gelingen könnte, mit den Nachbarn zu einem von Vertrauen und gegenseitiger Achtung getragenen Verhältnis zu gelangen, war 1945 eher zweifelhaft. Und dennoch ist das Unwahrscheinliche eingetreten. Die Opfer selber haben – wie der verstorbene Kardinal Höffner feststellte – entscheidend dazu beigetragen.
Zu einer Aussöhnung mit den Juden in aller Welt zu gelangen, ist eine noch größere Aufgabe, die noch lange nicht bewältigt ist. Die Verletzungen gehen tief. Den Juden war die »Endlösung«, die vollständige Vernichtung angedroht. Die Opfer der Juden unter der »Schoah« sind unermeßlich. Und dennoch müssen wir uns um Aussöhnung unablässig bemühen. Die gemeinsamen religiösen und kulturellen Wurzeln von Juden und Christen können dabei einen besonderen Anknüpfungspunkt bilden und zur wechselseitigen Offen-

heit beitragen. Zentral aber ist die persönliche Begegnung. In diesem Sinne verdienen alle Initiativen, die unmittelbare Kontakte erlauben, alle Foren, die uns ins Gespräch bringen, und alle Angebote, die den Blick über die Grenzen der Völker, Konfessionen und gesellschaftlichen Gruppen weiten, nachhaltige Unterstützung. Manches ist bereits geschehen. Vieles ist noch zu tun. Große Hoffnung setzen wir dabei auf die Offenheit und Verständigungsbereitschaft der Jugend, die künftig das Verhältnis zwischen Juden und Christen zu gestalten haben wird. Ihr mag es vielleicht gelingen, die gemeinsame Erinnerung für ein neues Miteinander und eine gemeinsame Verantwortung für die Gestaltung der Zukunft fruchtbar werden zu lassen. Der Wille zur Offenheit und Gesprächsbereitschaft ist auf beiden Seiten notwendig. Aber so wie wir nicht vergessen *dürfen*, müssen wir auch akzeptieren, daß viele Juden nicht vergessen *können*. Viele von denen, die selbst unter den Verfolgungen zu leiden gehabt haben, aber auch manche der nachfolgenden Generation können diese Offenheit noch nicht aufbringen. Zu tief ist ihr Schmerz. Ihnen müssen wir Respekt entgegenbringen. Aussöhnung läßt sich weder erzwingen noch erkaufen, sondern nur in einem langen Prozeß des Aufeinanderzugehens erringen.

6. Gemeinsame Aufgaben in der Welt

Beim Besuch Papst Johannes Pauls II. in der Synagoge von Rom sagte Oberrabbiner Toaff: »Wir können ... die Vergangenheit nicht vergessen. Aber wir möchten heute voller Vertrauen und Hoffnung den Anfang setzen für eine neue Geschichtsperiode, die fruchtbar zu sein verspricht durch gemeinsames Wirken, das endlich im Geist der Partnerschaft, der Gleichwertigkeit und der gegenseitigen Achtung der ganzen Menschheit zum Vorteil gereichen kann.« Dieses Bewußtsein der Gemeinsamkeit zwischen Christen und Juden, aber auch zwischen allen Menschen guten Willens, ist unter der nationalsozialistischen Bedrängnis gewachsen. Es löste ein Denken und Verhalten ab, das vor allem die Belange der eigenen Gruppe – ob Partei, Gewerkschaft oder Kirche – im Blick hatte und wenig Raum ließ für ein übergreifendes Verantwortungsbewußtsein. Dabei sind die Voraussetzungen für einen Einsatz von Juden und Christen füreinander und miteinander in besonderer Weise gegeben: Beide achten die Würde des Menschen und sehen in der humanen Gestaltung der Welt eine Aufgabe, weil sie an die im Buch Genesis verbürgte Schöpfungstat Gottes glauben. Darum sollten beide entschieden dafür eintreten, daß dieses Bewußtsein der Gemeinsamkeit nicht wieder verschüttet und ein neues »Lagerdenken« in Staat und Gesellschaft Raum gewinnen kann.

Die Felder für einen gemeinsamen Einsatz von Juden und Christen bei der Gestaltung der Welt sind vielfältig und auch von Land zu Land unterschiedlich: An der Spitze stehen das Bemühen um die Achtung der Menschenwürde, die ethische Fundierung der Staats- und Gesellschaftsordnung und die Gewährleistung der Menschenrechte. Ungeachtet aller öffentlichen Beteuerungen und internationalen Abmachungen sind die Menschenrechte noch immer weltweit gefährdet – sei es aus rassischen, religiösen, sozialen oder politischen Gründen. Gefährdet ist vor allem das erste Recht des Menschen, das Recht auf Leben. Dies gilt nicht nur für Regionen besonderer Bedrückung und Krisen, sondern auch für uns selbst, wo jährlich Hunderttausende Kinder im Mutterleib getötet werden. Die Erfahrungen der Geschichte lehren uns, daß alle Dämme brechen, wo das Leben des einzelnen nicht mehr respektiert wird. »Niemand ist seines Lebens sicher, wenn nicht unangetastet dasteht: ›Du sollst nicht töten!‹« (Fuldaer Bischofskonferenz 1942).
Aber Christen und Juden sollen auch zusammenfinden, wenn es um den Kampf gegen jede ungerechtfertigte Benachteiligung und Diskriminierung einzelner oder ganzer Gruppen aus ideologischen, religiösen oder sonstigen Gründen geht. Die Glaubens- und Gewissensfreiheit ist ein hohes Gut. Christen und Juden sollten darum für eine gerechte gesellschaftliche Ordnung eintreten, die von *gegenseitiger Achtung und Toleranz* geprägt ist, die unveräußerlichen Rechte eines jeden einzelnen wahrt und dem Antisemitismus oder jeder anderen menschenverachtenden Ideologie keinen Raum läßt. In diesem Sinne sind Christen und Juden in besonderer Weise zum Dienst an Gerechtigkeit und Frieden gefordert.
Gefordert sind sie ferner zum Dienst am Frieden in der Welt, dessen Gefährdungen uns nur zu bewußt sind. Der erste Schritt dazu ist auch hier, im anderen den Menschen zu erkennen und weder sein Recht auf Leben noch seine Entfaltungsmöglichkeiten in Frage zu stellen. Wie innerhalb eines Staates gilt auch zwischen den Völkern das Wort: »Gerechtigkeit schafft Frieden« (Jes 32, 17), das – anknüpfend an das Leitwort Papst Pius' XII. – über den gegenwärtigen Bemühungen der christlichen Kirchen für Frieden, Gerechtigkeit und Bewahrung der Schöpfung steht.
Und schließlich ist unser Einsatz für die Bewahrung der Schöpfung gefordert. Die Bedrohung unserer natürlichen Umwelt durch die technische Zivilisation mahnt uns an den Auftrag, mit der Schöpfung verantwortlich und sachgerecht umzugehen, die Schätze der Erde nicht rücksichtslos auszuplündern und die Folgen unseres Handelns für uns und die nachfolgenden Generationen zu bedenken. Wir sollten uns und anderen gemeinsam vor Augen führen, daß wir alle »Geschöpfe«, nicht Herren dieser Welt sind.

Für jeden von uns und für uns gemeinsam stellt sich hier ein weites Aufgabenfeld, auf dem Gemeinsames mehr wiegt als Trennendes. Die Geschichte zeigt uns die Notwendigkeit, rechtzeitig gestalterisch zu handeln. Im Maße dieses Handelns wächst – so hoffen wir – die Einsicht in die Gemeinsamkeit von Juden und Christen, aber auch in die Gemeinsamkeit aller Menschen guten Willens.

»Versöhnung geschieht durch Erinnerung« (Martin Buber). Man kann diese Versöhnung nicht mit den Händen schaffen, sie ist im letzten Gottes Werk. Zum Abschluß dieser Erklärung wollen wir daher die Geschehnisse, die Anlaß unseres Gedenkens sind, im Gebet vor den Herrn der Geschichte tragen. Nur von dort kann uns Kraft und Mut auf dem beschwerlichen Weg zur Aussöhnung zufließen.

aus: »Die Last der Geschichte annehmen«, Wort der Bischöfe zum Verhältnis von Christen und Juden aus Anlaß des 50. Jahrestages der Novemberpogrome 1938, 20. Oktober 1988, in: Die deutschen Bischöfe 43, S. 9–14.

Weitere Stellungnahmen zum Verhältnis der Kirche zum Judentum:

Papst Johannes Paul II., Ansprache an die Vertreter der Juden im Dommuseum in Mainz am 17. November 1980; in: Papst Johannes Paul II. in Deutschland (= VAS 25A), S. 102–105.

Ders., Ansprache bei der Begegnung mit dem Zentralrat der Juden in Köln am 1. Mai 1987; in: Predigten und Ansprachen von Papst Johannes Paul II. bei seinem zweiten Pastoralbesuch in Deutschland sowie Begrüßungsworte und Reden, die an den Heiligen Vater gerichtet wurden (30. April bis 4. Mai 1987). Hrsg. Sekretariat der Deutschen Bischofskonferenz, Bonn 1987. Offizielle Ausgabe (= VAS 77), S. 35–37.

Vatikanische Kommission für die religiösen Beziehungen zum Judentum im Sekretariat für die Einheit der Christen, Hinweise für eine richtige Darstellung von Juden und Judentum in der Predigt und in der Katechese der katholischen Kirche vom 24. Juni 1985. Hrsg. Sekretariat der Deutschen Bischofskonferenz, Bonn 1985 (= Arbeitshilfen 44).

Erklärung der deutschen Bischöfe »Über das Verhältnis der Kirche zum Judentum« vom 28. April 1980 (= Die deutschen Bischöfe 26).

Berliner Bischofskonferenz, Deutsche Bischofskonferenz, Österreichische Bischofskonferenz, »Die Last der Geschichte annehmen«, Wort der Bischöfe zum Verhältnis von Christen und Juden aus Anlaß des 50. Jahrestages der Novemberpogrome 1938, vom 20. Oktober 1988. Hrsg. Sekretariat der Deutschen Bischofskonferenz, Bonn 1988 (= Die deutschen Bischöfe 43).

8.15 Kernenergie

»Strahlenschäden halten sich nicht an Staatsgrenzen«

Stellungnahme von Kardinal Joseph Höffner zu Fragen der Kernenergie (1. Oktober 1986)

Die seltsame Angst, die nach der Kernkraftwerk-Katastrophe in Tschernobyl zahlreiche Menschen überfallen hat, wirft theologische Fragen auf. Für die marxistisch-leninistische Ideologie ist die vollendete Beherrschung der Natur nicht nur ein wesentliches Charakteristikum der kommunistischen Gesellschaft, sondern zugleich die Überwindung des Gottesglaubens. Der Glaube an Gott und Wunder habe nämlich, wie Marx sagt, in der Ohnmacht des Menschen der Natur gegenüber seine Wurzel. Als »vollendeter Naturalismus« sei der Kommunismus »die wahrhafte Auflösung des Widerstreits zwischen dem Menschen mit der Natur«.[1] Im Grunde, so lehrte auch Lenin, sei der Glaube an Gott nur bei einem unwissenden Wilden verständlich, der »in seinem Kampf mit der Natur« auf Götter und Wunder vertraut.[2] Atom-Katastrophen sind in der kommunistischen Gesellschaft systemwidrig. Sie können sich nur in »kapitalistischen« Staaten ereignen.

Heute weiß man auch in den kommunistischen Diktaturen, daß der Mensch an Grenzen stößt: an die Grenzen des Machens, des Fortschritts, des Überlebens. Die in Moskau erscheinende Parteizeitung »Prawda« veröffentlichte am 2. Juni 1986 ein Gedicht des Dichters Andrej Wosnessenkij, in dem es heißt: »Verzeih mir, Mensch ..., daß blinder Kräfte ungeheuerliche Probe auf mein Land und mein Zeitalter fiel. Verzeih, daß ich nur ein Mensch bin.« Die Frage nach Gott läßt sich nicht verdrängen. Zugleich hat sich in den Monaten nach der Katastrophe von Tschernobyl gezeigt, daß sich die Angst in einem Volk desto schlimmer ausbreitet, je mehr der Glaube an Gott am Verdunsten ist.

Meine Stellungnahme zur Kernenergie fasse ich in folgende Aussage zusammen:

1. Es ist nicht Aufgabe des kirchlichen Lehramtes, sondern der Fachwissenschaftler und der Ingenieure, festzustellen, ob der Bau von Brütern und Aufbereitungsanlagen, ob der Transport und die Ablagerung des Atommülls nach dem heutigen Stand der Wissenschaft und Technik auf eine Art und Weise möglich sind, daß mit Sicherheit Explosionen, Strahlenschäden und sonstige Katastrophen ausgeschlossen sind. Damit soll nicht bestritten werden, daß jeder technische Prozeß – auch außerhalb der Kernenergie – Gefahren in sich

birgt. Jeder Umgang mit der stofflichen Welt, auch das Handwerk, ist mit gewissen Risiken verbunden. Wollte man alle Risiken ausschließen, müßte man die Autos, Treppen, Leitern, Sägen und Messer verbieten.

2. Fachwissenschaftler und Ingenieure stimmen darin überein,

a) daß durch Kontrolle und Überwachungstechnik Katastrophen mit absoluter Sicherheit nicht ausgeschlossen werden können, wobei zu beachten ist, daß der naturwissenschaftliche Wahrscheinlichkeitsbegriff von dem des üblichen Sprachgebrauchs abweicht. »Wahrscheinlich« bedeutet in der Naturwissenschaft zwar keine hundertprozentige Sicherheit, aber doch unter Umständen eine Sicherheit von 99,9 Prozent.

b) daß die von einer entfesselten Atomenergie ausgehenden Gefahren wegen ihrer Schrecklichkeit und wegen ihrer vielen Generationen schädigenden verheerenden Auswirkungen von qualitativ besonderer Art sind.

3. Wenn katastrophensichere Kernkraftwerke gebaut und betrieben werden können, wäre eine »Dämonisierung« der Kernenergie unsachlich. Die Kernenergie stammt nicht vom Teufel, sondern vom Schöpfergott. Jedoch muß nach der Katastrophe von Tschernobyl die Frage nach der Sicherheit neu gestellt werden.

4. Der Schutz der Menschheit vor den zerstörerischen Auswirkungen der Kernenergie ist die Aufgabe *aller* Staaten. Das hat die Katastrophe von Tschernobyl gezeigt. In der Sowjetunion und in den Ostblockstaaten wird der Bau von Atomkraftwerken energisch vorangetrieben. Strahlenschäden halten sich nicht an Staatsgrenzen. Ich frage mich, welche Sicherheit für unser Land besteht, wenn wir aus der Atomenergie aussteigen, ringsum aber von Kernkraftwerken in den Nachbarländern umgeben sind. Es wird zum Beispiel berichtet, daß der sozialistische Ostblock bis zum Jahr 1990 Kernkraftwerke mit einer Gesamtkapazität von 150 Millionen KW errichten will, was 150 Kernkraftwerken des jetzt in der Sowjetunion üblichen Typs entspricht. Das Kernkraftwerk von Tschernobyl ist bereits wieder im Betrieb.

5. Wissenschaft und Technik stehen aus Liebe zu den Menschen vor der Aufgabe, Ausschau nach neuen, weniger gefährlichen, umweltfreundlichen Energien zu halten. Das gilt auch für den Fall, daß zerstörerische Auswirkungen der Kernenergie – soweit es Menschen möglich ist – verhütet werden können. Die Atomenergie ist nämlich die risikoreichste Technik. Hier wirken sich die »Tücke des Objekts« und menschliches Versagen besonders verheerend aus. Vielleicht finden sich neue Energiequellen in der Höhe (Sonnenenergie) oder in der Tiefe (Erdwärme). Am 16. September 1986 hat auch Papst Jo-

hannes Paul II. die Wissenschaftler gedrängt, nach neuen Energiequellen zu suchen.
6. Bis zu welchem Termin neue, sichere und umweltfreundliche Energien geschaffen werden können, vermag ein Bischof nicht festzulegen. Hier gilt der Grundsatz der Vernünftigkeit.
7. Der Einwand, der Verzicht auf Kernkraftwerke zwinge zu steigendem Verbrauch von Stein- und Braunkohle, führe zu verhängnisvoller Luftverschmutzung, schädige die Biosphäre und führe für die Industriestaaten und für die Länder der Dritten Welt zu schweren politischen, sozialen und gesamtwirtschaftlichen Notständen, ist ernst zu nehmen. Jedoch dürfen genetische und sonstige Schädigungen der jetzt lebenden Menschen und späterer Generationen nicht aus noch so dringlichen Nützlichkeitserwägungen in Kauf genommen werden. Es ist Aufgabe der Wirtschaftspolitik, Arbeitslosigkeit und Wirtschaftskrisen mit Maßnahmen zu überwinden, die nicht zu katastrophalen, nicht mehr wiedergutzumachenden Schädigungen der Biosphäre und des Menschengeschlechts führen.

Anmerkungen
[1] Karl Marx, Die Frühschriften. Stuttgart 1953, S. 235
[2] Lenin, Ausgewählte Werke VIII, S. 566 ff.

aus: »Strahlenschäden halten sich nicht an Staatsgrenzen.« Stellungnahme von Kardinal Joseph Höffner zu Fragen der Kernenergie vom 1. Oktober 1986. Hrsg. Presseamt des Erzbistums Köln (= PEK DIN-A-5-Reihe).

Weitere Stellungnahme:
Das Verhalten des Christen im Konfliktfall um die Kernenergie. Gemeinsame Erklärung der katholischen Bischöfe von Basel, Freiburg und Straßburg zur Frage der Nutzung der Kernenergie vom 22. März 1982.

8.16 Laie (Gläubige)

Das Zweite Vatikanische Konzil hat mehrere Aussagen über die Rolle der Laien in der Kirche getroffen:

Jene werden der Gemeinschaft der Kirche voll eingegliedert, die, im Besitze des Geistes Christi, ihre ganze Ordnung und alle in ihr eingerichteten Heilsmittel annehmen und in ihrem sichtbaren Verband mit Christus, der sie durch den Papst und die Bischöfe leitet, verbunden sind, und dies durch die Bande des Glaubensbekenntnisses, der Sakramente und der kirchlichen Leitung und Gemeinschaft.

aus: Dogmatische Konstitution über die Kirche »Lumen gentium«, Nr. 14; in: Rahner-Vorgrimler, Kleines Konzilskompendium S. 139.

36. Als Glieder des lebendigen Christus, durch Taufe, Firmung und Eucharistie ihm eingegliedert und gleichgestaltet, ist allen Gläubigen die Pflicht auferlegt, an der Entfaltung und an dem Wachstum seines Lebens mitzuwirken, damit dieser so bald wie möglich zur Vollgestalt gelange (vgl. Eph 4, 13).

aus: Dekret über die Missionstätigkeit der Kirche »Ad gentes«; in: Rahner-Vorgrimler, Kleines Konzilskompendium S. 646.

Damit sie für das Wohl der Gläubigen, deren jeweiliger Lage entsprechend, besser sorgen können, seien sie bemüht, deren Bedürfnisse in Anbetracht der sozialen Verhältnisse, in denen sie leben, gebührend kennenzulernen. Dazu mögen sie geeignete Mittel, besonders das der soziologischen Untersuchung, anwenden. Um alle sollen sie sich besorgt zeigen, gleich welchen Alters, welchen Standes, welcher Nationalität sie sind, um die Einheimischen sowohl als auch um die Zugezogenen und die Fremden. Bei der Wahrnehmung dieser Hirtensorge mögen sie ihren Gläubigen in den Angelegenheiten der Kirche den ihnen gebührenden Anteil belassen und deren Pflicht und Recht anerkennen, aktiv am Aufbau des mystischen Leibes Christi mitzuwirken.

aus: Dekret über die Hirtenaufgabe der Bischöfe in der Kirche »Christus Dominus« Nr. 16; in: Rahner-Vorgrimler, Kleines Konzilskompendium S. 266f.

1. Um dem apostolischen Wirken des Gottesvolkes mehr Gewicht zu verleihen[1], wendet sich die Heilige Synode nunmehr eindringlich an die Laienchristen, von deren spezifischem und in jeder Hinsicht notwendigem Anteil an der Sendung der Kirche sie schon andernorts gesprochen hat[2]. Denn das Apostolat der Laien, das in deren christlicher Berufung selbst seinen Ursprung hat, kann in der Kirche niemals fehlen. Wie spontan und fruchtbar dieses Wirken in der Frühzeit der Kirche war, zeigt klar die Heilige Schrift selbst (vgl. Apg 11, 19–21; 18, 26; Röm 16, 1–16; Phil 4, 3).
Unsere Zeit aber erfordert keinen geringeren Einsatz der Laien, im Gegenteil: Die gegenwärtigen Verhältnisse verlangen von ihnen ein durchaus intensiveres und weiteres Apostolat. Das dauernde Anwachsen der Menschheit, der Fortschritt von Wissenschaft und Technik, das engere Netz der gegenseitigen menschlichen Beziehungen haben nicht nur die Räume des Apostolats der Laien, die großenteils nur ihnen offenstehen, ins Unermeßliche erweitert; sie

haben darüber hinaus auch neue Probleme hervorgerufen, die das eifrige Bemühen sachkundiger Laien erfordern.

[1] Vgl. Johannes XXIII., Apostolische Konstitution Humanae salutis, 25. Dezember 1961: AAS 54 (1962) 7–10.

[2] Vgl. II. Vatikanisches Konzil, Dogmatische Konstitution über die Kirche Lumen gentium, Art. 33ff.: AAS 57 (1965) 39f.; vgl. auch Konstitution über die heilige Liturgie Sacrosanctum Concilium, Art. 26–40: AAS 56 (1964) 107–111; vgl. Dekret über die sozialen Kommunikationsmittel Inter mirifica: AAS 56 (1964) 145–153; vgl. Dekret über den Ökumenismus Unitatis redintegratio: AAS 57 (1965) 90–107; vgl. Dekret über das Hirtenamt der Bischöfe in der Kirche Christus Dominus, Art. 16 17 18; Erklärungen über die christliche Erziehung Gravissimum educationis, Art. 3 5 7.

6. Die Sendung der Kirche geht auf das Heil der Menschen, das im Glauben an Christus und in seiner Gnade erlangt wird. Das Apostolat der Kirche und aller ihrer Glieder ist darum vor allem darauf gerichtet, die Botschaft Christi der Welt durch Wort und Tat bekannt zu machen und ihr seine Gnade zu vermitteln. Das geschieht vorzüglich durch den Dienst des Wortes und der Sakramente. Dieser ist zwar in besonderer Weise dem Klerus anvertraut, an ihm haben aber auch die Laien ihren bedeutsamen Anteil zu erfüllen, damit sie »Mitarbeiter der Wahrheit« (3 Jo 8) seien. Vornehmlich in dieser Ordnung ergänzen einander das Apostolat der Laien und der Dienst der Hirten.

Unzählige Gelegenheiten zur Ausübung des Apostolates der Evangelisierung und Heiligung stehen den Laien offen. Das Zeugnis des christlichen Lebens selbst und die guten in übernatürlichem Geist vollbrachten Werke haben die Kraft, Menschen zum Glauben und zu Gott zu führen; sagt doch der Herr: »So leuchte euer Licht vor den Menschen, damit sie eure guten Werke sehen und euren Vater preisen, der im Himmel ist« (Mt 5, 16).

Dennoch besteht dieses Apostolat nicht nur im Zeugnis des Lebens. Ein wahrer Apostel sucht nach Gelegenheiten, Christus auch mit seinem Wort zu verkünden, sei es den Nichtgläubigen, um sie zum Glauben zu führen, sei es den Gläubigen, um sie zu unterweisen, zu stärken und sie zu einem einsatzfreudigen Leben zu erwecken; »denn die Liebe Christi drängt uns« (2 Kor 5, 14), und im Herzen aller sollten jene Worte des Apostels ein Echo finden: »Weh mir, wenn ich die gute Botschaft nicht verkünden wollte« (1 Kor 9, 16)[1].

Da sich aber in dieser unserer Zeit neue Fragen erheben und schwerste Irrtümer verbreitet werden, die die Religion, die sittliche Ordnung, ja die menschliche Gesellschaft selbst von Grund aus zu verkehren trachten, ist es dieser Heiligen Synode ein ernstes Anliegen, jeden nach seiner Begabung und Bildung zu ermutigen, im Geist der

Kirche noch eifriger bei der Herausarbeitung, Verteidigung und entsprechenden Anwendung der christlichen Grundsätze auf die Probleme unserer Zeit ihren Beitrag zu leisten.

[1] Vgl. Pius XI., Enzyklika Ubi arcano, 23. Dezember 1922: AAS 14 (1922) 695; Pius XII., Enzyklika Summi Pontificatus, 20. Oktober 1939: AAS 31 (1939) 442–443.

aus: Dekret über das Apostolat der Laien »Apostolicam actuositatem«; in : Rahner-Vorgrimler, Kleines Konzilskompendium S. 389. 395 f.

Pastorales Wort der deutschen Bischöfe zur »Ordnung des Predigtdienstes von Laien«

I.

»Seid stets bereit, jedem Rede und Antwort zu stehen, der nach der Hoffnung fragt, die euch erfüllt«, so mahnt der erste Petrusbrief (3,15) alle Christen und nennt als tiefsten Grund dafür: alle Glaubenden (vgl. 2,7) haben teil an der Berufung, Zeugnis von der Frohen Botschaft Gottes in der Welt zu geben. Denn alle Glaubenden sind miteinander jenes heilige, königliche und priesterliche Volk, das Gott sich zu eigen erworben hat, »damit ihr die großen Taten dessen verkündigt, der euch aus der Finsternis in sein wunderbares Licht gerufen hat« (vgl. 2,4–10; Jes 43,21).

Das Neue Testament ist voll von Aussagen und Berichten über die vielfältige Befähigung der Christen zu diesem Dienst, so daß sie freimütig von ihrem Glauben und ihrer Glaubenserfahrung Zeugnis geben und so die Botschaft vom Heil mit vielen Stimmen verkünden (vgl. Apg 4,31).

Ebenso deutlich aber sagt das Neue Testament, daß unter diesen vielfältigen Berufungen von Anfang an eine Berufung und ein Amt herausragen, nämlich die Berufung und das Amt der Apostel. Ihnen ist die Verkündigung der Frohbotschaft auf eine besondere und unersetzliche Weise aufgetragen. Darum erklären die Apostel nach dem Bericht der Apostelgeschichte, als in der schnell anwachsenden Urgemeinde die Aufgaben immer mehr zunehmen: »Es ist nicht recht, daß wir das Wort Gottes vernachlässigen und uns dem Dienst an den Tischen widmen ... Wir wollen beim Gebet und beim Dienst am Wort bleiben« (vgl. 6,2–4). Aus diesem Grund wurde die Predigt im Gottesdienst bereits seit dem 2. Jahrhundert den Amtsträgern vorbehalten und nur gelegentlich im Lauf der Kirchengeschichte von Laien geübt.

Zuverlässige und eindeutige geschichtliche Zeugnisse über die Laienpredigt sind verhältnismäßig selten. Aufgrund unterschiedlicher Mißbräuche entfaltete sich vom 13. bis zum 16. Jahrhundert ein Laienpredigtverbot, das anfangs jedes öffentliche Glaubenszeugnis untersagte und sich schließlich auf die »feierliche Predigt« in der Kirche bezog (vgl. das Konzil von Trient, Sessio VI). Der Codex Iuris Canonici von 1917 hat diese Reservation der Predigt in einen eigenen Canon aufgenommen und dabei die Laienpredigt generell untersagt (vgl. Can. 1342). Erst im letzten Jahrzehnt haben einige Bischofskonferenzen Ausnahmeregelungen erlassen, die vom Hl. Stuhl versuchsweise genehmigt wurden. In der Bundesrepublik Deutschland geschah das durch den Synodenbeschluß »Die Beteiligung der Laien an der Verkündigung« und die diesen Synodenbeschluß mit Einschränkungen in Kraft setzenden »Richtlinien« aus dem Jahr 1974. Dabei wurde unterschieden zwischen der Laienpredigt in nicht eucharistischen Gottesdiensten und in der Eucharistiefeier. In letzterer war die Laienpredigt nur in »außerordentlichen Fällen« erlaubt, nämlich »wenn es dem eucharistiefeiernden Priester ›physisch oder moralisch‹ unmöglich ist, die Predigt selbst zu halten, und kein anderer Priester oder Diakon zur Verfügung steht« oder »wenn in Eucharistiefeiern für die Predigt zu besonderem Anlaß ein Laie mit spezieller Fähigkeit vorhanden ist und dessen Ansprache für sehr nützlich gehalten wird, z. B. für besondere Anliegen wie: Familie, Kommunikationsmedien, Caritas, Mission, Misereor und Adveniat«. Dem Bischof blieb die Entscheidung darüber vorbehalten, ob ein solcher Ausnahmefall vorlag.

Der Codex Iuris Canonici von 1983 hat die bisher geltenden Ausnahmeregelungen verschiedener Bischofskonferenzen aufgehoben und für die Laienpredigt eine in der ganzen Kirche geltende allgemeine Neuregelung getroffen, die das generelle Verbot der Laienpredigt durch das Tridentinische Konzil und den Codex Iuris Canonici von 1917 aufhebt. Gemäß Can. 766 können Laien nun zur Predigt in einer Kirche oder einer Kapelle zugelassen werden. Bedingung ist, daß diese Zulassung der Laienpredigt in einer Kirche oder Kapelle unter bestimmten Voraussetzungen notwendig oder in Einzelfällen als nützlich angeraten ist. Die Bischofskonferenzen, in deren Bereich von dieser Neuregelung Gebrauch gemacht werden soll, müssen dafür eigene Vorschriften erlassen. Dabei ist gemäß Can. 767 zu berücksichtigen, daß jene Homilie, »die Teil der Liturgie selbst ist« (womit die Homilie in der Eucharistiefeier gemeint ist), immer dem Priester oder Diakon vorbehalten bleiben muß. Dies ist theologisch begründet: Der enge Zusammenhang von Verkündigung und Eucharistiefeier wird in der pastoralen Einführung in das Meßlektionar verdeutlicht: »In der Meßfeier soll durch die Homilie die Verkündigung des Wortes Gottes zusammen mit der Feier der Eucharistie zur ›Botschaft von den Wundertaten Gottes in der Geschichte des Heils, das heißt im Mysterium Christi‹ werden. Denn das in Lesungen und Homilie verkündete Geheimnis von Tod und Auferstehung Christi wird durch das Meßopfer vollzogen« (24).

Damit ist die in den »Richtlinien« den deutschen Bischöfen gegebene Vollmacht, in den genannten »außerordentlichen Fällen« die Homilie auch einem Laien zu übertragen, nicht mehr gegeben. Deshalb macht die nun für die ganze Kirche getroffene Neuregelung eine Anpassung der bisherigen Praxis notwendig. Davon sind in besonderer Weise die Bistümer der Bundesrepublik Deutschland betroffen, in denen die Praxis der Laienpredigt in der Eucharistiefeier, besonders auch unter dem Druck des Priestermangels, sowie aufgrund der zunehmenden Beauftragung von hauptamtlich tätigen Laien mit pastoralen Aufgaben (Pastoralreferenten) eine beachtliche Ausbreitung erfahren hat. Die nun für die ganze Kirche gültige Regelung verlangt von uns allen die Bereitschaft, sie in kirchlichem Sinn anzunehmen.

Wir alle sollten bedenken, daß die Neuregelung nunmehr weltweit die Möglichkeit der Laienpredigt eröffnet; wenn dabei eine Sonderregelung für Deutschland, die ohnehin nur in außerordentlichen und von den Bischöfen eigens anerkannten Fällen Geltung hatte, nicht verlängert wird, kann das bei ruhiger Überlegung nicht als eine Mißachtung des Laienauftrags verstanden werden. Die Neuregelung möchte deutlich machen, daß der erste und vornehmste Dienst des apostolischen Amtes der Dienst an der Wortverkündigung ist. Dieser durch das Sakrament der Weihe übertragene priesterliche Dienst kann nach dem Befund des Neuen Testaments nicht auf das Sprechen der Konsekrationsworte und der sakramentalen Absolution beschränkt werden.

II.

Die Neuordnung des CIC entspricht einem Grundanliegen des Synodenbeschlusses der Bistümer in der Bundesrepublik Deutschland: »Die Beteiligung der Laien an der Verkündigung.« Das generelle Laienpredigtverbot des CIC von 1917 ist aufgehoben. Damit sind pastorale Möglichkeiten eröffnet worden, die es zu bedenken und auszuschöpfen gilt.

Auch heute noch gilt die von der Synode getroffene Feststellung, daß die Kernaussage des II. Vatikanischen Konzils, nach der »alle Glieder der Kirche ›auf ihre Weise‹ und ›für ihren Teil‹ den missionarischen Auftrag der Kirche zu verwirklichen« haben (Synodenbeschluß »Die Beteiligung der Laien an der Verkündigung« (2. 1. 17), noch nicht genügend in das Bewußtsein und in die Praxis unserer Gemeinden eingedrungen ist. Dem entspricht die nunmehr in der ganzen Kirche geltende Neuregelung, welche einerseits den Predigtdienst von entsprechend befähigten Laien ermöglicht, andererseits aber die Unterschiedlichkeit der Dienste und Ämter wahrt; diese ist im übrigen immer schon darin zum Ausdruck gekommen, daß das Evangelium in einer Eucharistiefeier im Gegensatz zu den Lesungen nur durch einen Amtsträger vorgetragen wird.

Es ist schon mehrfach beklagt worden, daß durch die pastorale Entwicklung der letzten Jahrzehnte betrachtende Andachten (mit oder ohne eucharistische Anbetung), die früher in fast allen Gemeinden sonntäglich gefeiert wurden, zurückgedrängt worden sind. Mit Recht wird gesagt, daß eine lebendige Mitfeier der Eucharistie solche Gottesdienste voraussetzt. Gleichzeitig ist aber zu bedenken, daß neben der erfreulichen Zunahme von Vespergottesdiensten und anderen Arten von Wortgottesdiensten gerade auch solche Andachten mit ihren großen Gestaltungsmöglichkeiten manche Gelegenheiten für den Dienst am Wort durch Laien bieten.

Darüber hinaus sei hingewiesen auf das notwendige »Glaubensgespräch in Gruppen, den Katechumenatskreis, die Hinführung zu den Sakramenten durch Eltern, das vorbereitende Predigtgespräch und die Gestaltung von Gottesdiensten durch einzelne Gruppen der Gemeinde« (Synodenbeschluß 2.1.3). Wie wichtig ist es, die »Sprachlosigkeit unseres Glaubens« zu überwinden. Dabei muß die nicht zu verkennende Gefahr, daß durch den Dienst eigens ausgebildeter und hauptamtlich tätiger Laien die übrigen Gemeindemitglieder sich dispensiert oder gar zurückgedrängt fühlen, unbedingt vermieden werden.

Wir bitten Priester und Laien, die nunmehr geltende kirchliche Regelung innerlich anzunehmen und die seelsorglichen Möglichkeiten, die darin enthalten sind, aufzugreifen, damit auch in unserer Zeit »das Wort des Herrn mit Macht wachse und stark werde« (vgl. Apg 19,20).

Wiesbaden-Naurod, 24. Februar 1988

Für das Bistum Aachen

† Klaus Hemmerle
Bischof von Aachen

aus: Pastorales Wort der deutschen Bischöfe zur »Ordnung des Predigtdienstes von Laien« vom 24. Februar 1988; in: Kirchlicher Anzeiger für die Diözese Aachen 58 (1988) 49–51.

Weitere Stellungnahmen:

Bischofssynode, Berufung und Sendung der Laien in Kirche und Welt zwanzig Jahre nach dem II. Vatikanischen Konzil. Lineamenta, Vatikanische Polyglott-Druckerei 1985.

Stellungnahmen der Deutschen Bischofskonferenz und des Zentralkomitees der deutschen Katholiken zu den Lineamenta für die Bischofssynode 1987 vom 2. Mai 1986. Hrsg. Sekretariat der Deutschen Bischofskonferenz, Bonn 1986 (= Arbeitshilfen 45).

Papst Johannes Paul II., Instrumentum Laboris. Zur Bischofssynode 1987 »Berufung und Sendung der Laien in Kirche und Welt 20 Jahre nach dem 2. Vatikanischen Konzil«. Brief des Hl. Vaters an die Bischöfe. Hrsg. Sekretariat der Deutschen Bischofskonferenz, Bonn 1987 (nichtoffizielle Übersetzung) (= VAS 78).

Ders., Ansprache an den Päpstlichen Rat für die Laien vom 29. Mai 1987, dt. in: L'Osservatore Romano Nr. 32/33, 7. 8. 1987, S. 12f.

Ders., Ansprache beim Ad-limina-Besuch der Bischöfe der Region von Liverpool vom 30. Mai 1987; dt. in: L'Osservatore Romano Nr. 32/33, 7. 8. 1987, S. 13f.

Ders., Nachsynodales Apostolisches Schreiben »Christifideles Laici« über die Berufung und Sendung der Laien in Kirche und Welt vom 30. Dezember 1988 (= VAS 87).

Kongregation für das katholische Bildungswesen, Der katholische Laie – Zeuge des Glaubens in der Schule. Dokument vom 15. Oktober 1982. Hrsg. Sekretariat der Deutschen Bischofskonferenz, Bonn 1982 (= VAS 42) und DAS 1982, S. 1491–1530.

Weihbischof Paul Wehrle (Freiburg), Christsein als Berufung und Sendung. Eindrücke, Fragen und Impulse aus der Bischofssynode über »Berufung und Sendung der Laien in Kirche und Welt« 1987 in Rom, in: Erzbistum Freiburg Information H. 1/88, S. 5–12.

8.17 New Age

Der Bischof von Limburg, Franz Kamphaus, schrieb 1988 in einem Brief an ein junges Mädchen u.a. folgendes:

Es ist sehr schwer, die New-Age-Bewegung auf einen Nenner zu bringen. Immerhin: Es sammeln sich dort viele Zeitgenossen, die eine neue ganzheitliche Weltsicht und einen entsprechenden Lebensentwurf suchen – nicht mehr »dualistisch« getrennt zwischen Kopf und Herz, nicht mehr egoistisch im Zeichen von Macht und Gewalt, sondern ökologisch und vernetzt, nicht mehr patriarchalisch, sondern partnerschaftlich – und wie die Sehnsuchtsworte alle heißen. Sie suchen nach einer neuen Spiritualität, naturbezogen und friedfertig, nicht mehr auf den Menschen oder gar den einzelnen allein festgelegt, sondern alle Natur und den ganzen Kosmos einbeziehend. Sie erleben diesen Aufbruch in ein neues Zeitalter ganz religiös, und vielen von ihnen ist das Ganze der Welt und der eigenen Seele göttlich oder wie Gott selbst.

Es ist wichtig, die Sehnsucht und Not wahrzunehmen, die sich in dieser Bewegung ausspricht. Was mich dabei bedrängt, ist dies: Wie kommt es, daß Christentum und Kirche für so viele nicht mehr die Zukunftskraft zu haben scheint, die in der Zeitenwende durch Jesus Christus begründet liegt? Keine Frage, die New-Age-Bewegung macht auf Schwachstellen im aufgeklärten neuzeitlichen Christentum und in der heutigen Kirche aufmerksam. Ist nicht bei uns vieles zu verkopft, zu nüchtern, zu bürokratisch, zu papieren, zu männlich?
Auch wenn wir das zugeben, wir brauchen uns mit unserer Christentumsgeschichte weiß Gott nicht zu verstecken und müssen das Gespräch mit den New-Age-Bewegten offensiv angehen. Was ich besonders fragwürdig finde, ist ihr völlig vages Reden von Gott und dem Göttlichen. Sie suchen sich in der Religionsgeschichte hie und da einige Elemente und kochen sie in einer Art Schnellküche zusammen zu einer wenig nahrhaften Suppe: ein bißchen Buddhismus, ein bißchen Hinduismus, ein bißchen Esoterik, etwas Anthroposophie, etwas Naturwissenschaft, neuerdings auch etwas christliche Mystik (vor allem von Teilhard de Chardin und Meister Eckhart). Diese Mixtur soll dann eine rundum heilsame Medizin für alle Nöte der Zeit sein. Mir kommt das, bei allem Respekt vor den Absichten und vor dem Engagement dieser Bewegung, doch sehr naiv vor.
Wir Christen jedenfalls glauben nicht an einen Allerweltsgott, den man im Wald und auf der Heide ebenso fände wie im meditativ erwärmten Bauch oder in einer religiösen Kuschelecke, sondern an jenen Gott, der uns in der Geschichte Israels, in der Geschichte Jesu, in der Geschichte der Kirche und jedes Glaubenden persönlich entgegenkommt. Wir denken uns ihn nicht aus, wir meditieren uns ihn nicht an, wir projizieren ihn nicht auf die Leinwand unserer Sehnsüchte und Frustrationen, wir sehen und glauben ihn real uns gegenüber in Jesus von Nazareth und wirksam unter den Menschen seines Geistes. Deshalb sagt schon die Bibel, dieser Gott ist Liebe, ja Feindesliebe. Er nimmt jeden Menschen an, auch den letzten und ärmsten, und schenkt ihm eine unzerstörbare Würde. Liebe setzt eben Personalität voraus und stiftet sie. Deshalb scheint mir die Rede von dem »Göttlichen« so blutleer und letztlich auch nichtssagend.
Allerdings: Wir Christen müssen aufpassen, daß wir uns nicht unseren Gott nach dem Maßstab unserer eigenen Person vorstellen und in unser Fassungsvermögen gleichsam einzwängen. Er ist ganz Person und ist doch weit mehr, er ist unser wirkliches Gegenüber von Angesicht zu Angesicht (so daß wir zu ihm beten können), er ist aber auch das namenlose Geheimnis des Kosmos und jedes Menschen. Schön sagt unser Papst in seiner Enzyklika über den Heiligen Geist: Gott ist in seinem Heiligen Geist in unserer Welt, er ist uns innerlicher, als wir uns selber sind.

Sehr entschieden möchte ich den New-Age-Vorstellungen in einem weiteren Punkt widersprechen. Man sagt, das neue Zeitalter im Zeichen des Wassermannes sei im Kommen. Es soll wie von selbst Glück und Harmonie bringen; wir brauchen uns ihm nur wie einem Schicksal zu überlassen. – Ob das so einfach ist? Es ist nicht damit getan, daß wir uns in den großen Weltenklang einschwingen und im übrigen abwarten, was kommt. Der christliche Glaube will den Menschen von innen her verändern, er will aber auch die äußeren Verhältnisse in der Welt ändern. Wer Gott allein als seinen Herrn bekennt, der widersagt allen anderen Herrgöttern und selbsternannten Heilbringern, er widersteht allen irdischen Instanzen, die sich absolutsetzen (ob Politik und Militär, ob Sexualität oder Wirtschaft und was immer). Der Glaube befreit zum Dienst in dieser Welt, er hat eindeutig politische Konsequenzen. Weil Gott allein Gott ist, ist nichts in dieser Welt göttlich im Sinne einer Letztinstanz. Hier werden in der New-Age-Bewegung auf gefährliche Weise die Spuren verwischt, und schon sehe ich wieder die uralte Gefahr am Horizont, daß selbsternannte Führer und Verführer verabsolutiert und vergöttlicht werden.

aus: Franz Kamphaus, Briefe an junge Menschen. Als Manuskript gedruckt im Auftrag des Bischofs von Limburg. Limburg 1988 (auch: Verlag Herder, Freiburg – Basel, Wien, [6]1989).

8.18 Nord-Süd-Konflikt

In seiner Enzyklika »Sollicitudo rei socialis« aus dem Jahre 1987 führt Papst Johannes Paul II. u. a. aus:

14. Die erste *negative Feststellung*, die es zu machen gilt, ist das Fortbestehen und oft sogar die Verbreiterung des *Grabens* zwischen dem sogenannten entwickelten Norden und dem unterentwickelten Süden. Diese geographische Sprechweise ist nur eine erste Orientierung; denn man darf nicht übersehen, daß die Grenzen zwischen Reichtum und Armut quer durch die verschiedenen Gesellschaften selber verlaufen, und dies sowohl in den Industrieländern als auch in den Entwicklungsländern. Wie es nämlich soziale Ungleichheiten bis zu den Stufen des Elends auch in reichen Ländern gibt, so beobachtet man entsprechend in den weniger entwickelten Ländern nicht selten Zeichen von Egoismus und Zurschaustellung von Reichtum, die ebenso empörend wie skandalös sind.
Dem Überfluß an Gütern und Dienstleistungen, die in einigen Tei-

len der Welt, vor allem im entwickelten Norden, zur Verfügung stehen, entspricht im Süden ein unannehmbarer Rückstand. Und gerade in dieser geopolitischen Zone lebt der größere Teil der Menschheit.

Wenn man die ganze Reihe der verschiedenen Sektoren – Erzeugung und Verteilung von Lebensmitteln, Hygiene, Gesundheitswesen und Wohnung, Trinkwasserversorgung, Arbeitsbedingungen, vor allem jene für Frauen, Lebenserwartung sowie andere wirtschaftliche und soziale Indikatoren – ins Auge faßt, ergibt sich ein enttäuschendes Gesamtbild, sei es in sich selbst betrachtet oder in bezug auf die entsprechenden Daten der stärker entwickelten Länder. Das Wort »Graben« kommt einem dabei spontan wieder auf die Lippen.

Vielleicht ist dies nicht der angemessene Ausdruck, um die wahre Realität wiederzugeben, insofern er den Eindruck eines *statischen* Phänomens vermitteln könnte. Dies aber ist nicht so. Im Fortschritt der Industrieländer und der Entwicklungsländer hat es in diesen Jahren eine *unterschiedliche Beschleunigung* gegeben, die zu noch breiteren Abständen führt. So gelangen die Entwicklungsländer, vor allem die ärmsten unter ihnen, allmählich in die Lage eines schweren Rückstandes.

Hinzufügen muß man noch die *Unterschiede in Kultur und Wertsystemen* zwischen den verschiedenen Bevölkerungsgruppen, die nicht immer mit dem jeweiligen Grad *wirtschaftlicher Entwicklung* übereinstimmen, aber dazu beitragen, weitere Abstände zu schaffen. Es sind dies Elemente und Aspekte, welche *die Soziale Frage noch viel komplexer machen,* weil sie eine weltweite Dimension erlangt hat.

Wenn man die verschiedenen Teile der Welt beobachtet, wie sie durch die wachsende Breite eines solchen Grabens voneinander getrennt sind, und dabei feststellt, daß jeder von ihnen einer eigenen Richtung mit eigenen Initiativen zu folgen scheint, versteht man, warum man im allgemeinen Sprachgebrauch von *verschiedenen Welten* innerhalb unserer *einen Welt* spricht: Erste Welt, Zweite Welt, Dritte Welt und manchmal sogar Vierte Welt. Solche Ausdrücke, die gewiß nicht beanspruchen, alle Länder erschöpfend zu klassifizieren, erscheinen doch bezeichnend: Sie sind Zeichen eines verbreiteten Gefühls, daß die *Einheit der Welt,* mit anderen Worten, die *Einheit des Menschengeschlechtes,* ernstlich bedroht ist. Jenseits seiner mehr oder weniger objektiven Bedeutung verbirgt dieser Wortgebrauch zweifellos einen *moralischen Inhalt,* dem gegenüber die Kirche als »Sakrament, das heißt Zeichen und Werkzeug ... für die Einheit der ganzen Menschheit«, nicht gleichgültig bleiben kann.

15. Das hier beschriebene Bild wäre allerdings unvollständig, fügte man den wirtschaftlichen und sozialen Indikatoren der Unterent-

wicklung nicht weitere ebenso negative und sogar noch besorgniserregendere Faktoren, angefangen im *kulturellen* Bereich, hinzu. Es sind folgende: der *Analphabetismus*, die Schwierigkeit oder Unmöglichkeit, zu *höheren Ausbildungsstufen* zu gelangen, die Unfähigkeit, am *Aufbau der eigenen Nation* teilzunehmen, die *verschiedenen Formen von Ausbeutung* oder wirtschaftlicher, sozialer, politischer und auch religiöser *Unterdrückung* der menschlichen Person und ihrer Rechte, die *Diskriminierungen* jeder Art, insbesondere jene überaus bösartige, die sich auf den Rassenunterschied gründet. Wenn man manche dieser Mißstände auch in Gebieten des entwikkelten Nordens beklagt, so sind sie doch in den Entwicklungsländern ohne Zweifel häufiger, langfristiger und schwerer zu beseitigen.

aus: Papst Johannes Paul II., Enzyklika »Sollicitudo rei socialis«. 20 Jahre nach der Enzyklika »Populorum progressio« vom 30. Dezember 1987. Hrsg. Sekretariat der Deutschen Bischofskonferenz, Bonn 1988 (= VAS 82), S. 16f.

Weitere Stellungnahmen zum »Nord-Süd-Konflikt«:

Papst Johannes Paul II., Ansprache vor dem Gerichtshof der Europäischen Gemeinschaft in Luxemburg am 15. Mai 1985; in: DAS 1985, S. 575–581.

Ders., Predigt in der Eucharistiefeier zum 40jährigen Bestehen der FAO in St. Peter am 10. November 1985; in: DAS 1985, S. 1629–1636.

Ders., Botschaft zur Feier des Weltfriedenstages am 1. Januar 1986; in: DAS 1986, S. 1027–1036.

8.19 Ökumene

Bei seinem ersten Deutschlandbesuch sagte Papst Johannes Paul II. am 17. November 1980 vor Vertretern der Evangelischen Kirche in Deutschland (EKD) unter anderem:

Ich erinnere mich in dieser Stunde daran, daß Martin Luther 1510/11 als Pilger, aber auch als Suchender und Fragender zu den Gräbern der Apostelfürsten in Rom kam. Heute komme ich zu Ihnen, zu geistlichen Erben Martin Luthers; ich komme als Pilger. Ich komme, um mit dieser Begegnung in einer gewandelten Welt ein Zeichen der Verbundenheit in den zentralen Geheimnissen unseres Glaubens zu setzen.

Vieles drängt sich bei unserer brüderlichen Begegnung auf, viel mehr, als wir in der knappen Zeit und mit unseren begrenzten Kräften zu sagen vermögen. Lassen Sie mich zu Beginn unseres Gespräches vorab zum Ausdruck bringen, was mich besonders bewegt. Ich tue es im Anschluß an das Zeugnis des Römerbriefes, jener Schrift, die für Martin Luther schlechterdings entscheidend war. »Diese Epistel ist das rechte Hauptstück des Neuen Testaments und das allerlauterste Evangelium«, schreibt er 1522.

In der Schule des Völkerapostels kann uns bewußt werden, daß wir alle der Umkehr bedürfen. Es gibt kein christliches Leben ohne Buße. »Es gibt keinen echten Ökumenismus ohne innere Bekehrung« (Ökumenismusdekret, Nr. 7). »Wir wollen uns nicht gegenseitig richten« (Röm 14,3). Wir wollen aber einander unsere Schuld eingestehen. Auch hinsichtlich der Gnade der Einheit gilt: »Alle haben gesündigt« (Röm 3,23). Das müssen wir in allem Ernst sehen und sagen und unsere Konsequenzen daraus ziehen. Wichtiger ist, daß wir immer tiefer erkennen, welche Konsequenzen der Herr aus dem menschlichen Versagen zieht. Paulus bringt das auf den Nenner: »Wo die Sünde mächtig wurde, ist die Gnade übergroß geworden« (Röm 5,20). Gott hört nicht auf, »sich aller zu erbarmen« (Röm 11,32). Er schenkt seinen Sohn, er schenkt sich, er schenkt Verzeihung, Rechtfertigung, Gnade, ewiges Leben. Miteinander dürfen wir dies bekennen.

Sie wissen, daß Jahrzehnte meines Lebens von Erfahrungen mit den Herausforderungen des Christentums durch Atheismus und Unglauben geprägt worden sind. Um so deutlicher steht mir vor Augen, was unser gemeinsames Bekenntnis zu Jesus Christus, seinem Wort und Werk in dieser Welt bedeutet und wie wir durch das Gebot der Stunde zur Überwindung unserer noch kirchentrennenden Unterschiede und zum Zeugnis von unserer wachsenden Einheit gedrängt werden.

Jesus Christus ist unser aller Heil. Er ist der eine Mittler. »Ihn hat Gott dazu bestimmt, Sühne zu leisten mit seinem Blut, Sühne, wirksam durch Glauben« (Röm 3,25). Durch ihn haben wir »Frieden mit Gott« (Röm 5,1) und untereinander. Kraft des Heiligen Geistes werden wir seine Geschwister, wahrhaft und wesentlich Kinder Gottes. »Sind wir alle Kinder, dann auch Erben; wir sind Erben Gottes und sind Miterben Christi« (Röm 8,17).

Daß wir dieses miteinander glauben und bekennen, ist bei der Besinnung auf die Confessio Augustana und in zahlreichen Kontakten neu bewußt geworden. Die deutschen Bischöfe haben in ihrem Hirtenwort »Dein Reich komme« (20. 1. 1980) davon Zeugnis gegeben. Sie haben den katholischen Gläubigen gesagt: »Freuen wir uns, daß wir nicht nur einen Teilkonsens in einigen Wahrheiten entdecken können, sondern eine Übereinstimmung in zentralen Glaubenswahrheiten. Das läßt uns die Einheit auch in den Bereichen unseres

Glaubens und Lebens erhoffen, in denen wir bis zur Stunde noch getrennt sind.«

Alle Dankbarkeit für das uns Verbleibende und uns Verbindende darf uns nicht blind machen für das, was immer noch trennend zwischen uns steht. Wir müssen es möglichst miteinander ins Auge fassen, nicht um Gräben zu vertiefen, sondern um sie zu überbrücken. Wir dürfen es nicht bei der Feststellung belassen: »Also sind und bleiben wir ewiglich geschieden und wider einander«. Miteinander sind wir gerufen, im Dialog der Wahrheit und der Liebe die volle Einheit im Glauben anzustreben. Erst die volle Einheit gibt uns die Möglichkeit, uns eines Sinnes und eines Glaubens an dem einen Tisch des Herrn zu versammeln. Um was es bei diesem Bemühen vor allem geht, können wir uns von Luthers Römerbriefvorlesungen 1516/1517 sagen lassen. Er lehrt, daß der »Glaube an Christum, durch den wir gerechtfertigt werden, nicht allein darinnen besteht, daß man an Christus oder genauer an die Person Christi, sondern an das glaubt, was Christi ist«. »Wir müssen an ihn glauben und an das, was sein ist«. Auf die Frage: »Was ist denn dies?« verweist Luther auf die Kirche und ihre authentische Verkündigung. Wenn es bei den Dingen, die zwischen uns stehen, lediglich um die »von Menschen eingesetzten kirchlichen Ordnungen« ginge (vgl. CA VIII), könnten, müßten die Schwierigkeiten alsbald ausgeräumt sein. Nach katholischer Überzeugung betrifft der Dissens das, »was Christi ist«, »was sein ist«; seine Kirche und ihre Sendung, ihre Botschaft und ihre Sakramente sowie die Ämter, die in den Dienst von Wort und Sakrament gestellt sind. Der seit dem Konzil geführte Dialog hat uns diesbezüglich ein gutes Stück weitergeführt. Gerade in Deutschland ist mancher wichtiger Schritt getan worden. Das kann uns zuversichtlich machen angesichts der noch unbewältigten Probleme.

Wir müssen im Gespräch und Kontakt bleiben. Die Fragen, die wir miteinander anzusprechen haben, fordern ihrer Natur nach noch eine umfassendere Behandlung, als sie hier und heute möglich ist. Ich hoffe, daß wir gemeinsam Wege finden, unser Gespräch fortzusetzen. Gewiß werden die deutschen Bischöfe und die Mitarbeiter des Sekretariats für die Einheit der Christen dabei mithelfen.

Wir dürfen nichts unversucht lassen. Wir müssen tun, was eint. Wir schulden es Gott und der Welt. »Laßt uns nach dem streben, was dem Frieden und dem Aufbau dient!« (Röm 14, 19). Jeder von uns muß sich mit Paulus sagen: »Weh mir, wenn ich das Evangelium nicht verkünde« (1 Kor 9, 16). Wir sind gerufen, Zeugen des Evangeliums, Zeugen Christi zu sein. Seiner Botschaft entspricht, daß wir gemeinsam Zeugnis geben. Lassen Sie mich wiederholen, was ich am 25. Juni dieses Jahres anläßlich des Confessio-Augustana-Jubiläums gesagt habe: »Der Wille Christi und die Zeichen der Zeit drängen uns zu einem gemeinsamen Zeugnis in wachsender Fülle der Wahrheit und Liebe«.

Groß und schwer sind die Aufgaben, die vor uns liegen. Wären wir allein auf unsere Kraft angewiesen, müßten wir verzweifeln. Gott sei Dank hilft »der Geist unserer Schwachheit auf« (Röm 8,26). Im Vertrauen auf ihn können wir unser Gespräch fortsetzen, können wir die Taten angehen, die von uns gefordert sind. Lassen Sie uns mit dem wichtigsten Gespräch, mit der notwendigsten Tat beginnen, lassen Sie uns beten! Angesichts der unfaßbaren Gnade Gottes beten wir mit dem Völkerapostel:

»O Tiefe des Reichtums, der Weisheit und der Erkenntnis Gottes! Wie unergründlich sind seine Entscheidungen, wie unerforschlich seine Wege! Denn wer hat die Gedanken des Herrn erkannt? Oder wer ist sein Ratgeber gewesen? Wer hat ihm etwas gegeben, so daß Gott ihm etwas zurückgeben müßte? Denn aus ihm und durch ihn und auf ihn hin ist die ganze Schöpfung. Ihm sei Ehre in Ewigkeit! Amen.« (Röm 11,33–36).

aus: Papst Johannes Paul II. in Deutschland, Hrsg. Sekretariat der Deutschen Bischofskonferenz, Bonn 1981, 3. veränderte Aufl. (= VAS 25A), S. 80–82.

Weitere Texte zur Ökumene:

II. Vatikanisches Konzil, Dekret über den Ökumenismus »Unitatis redintegratio«; in: Rahner–Vorgrimler, Kleines Konzilskompendium S. 229–250.

Sekretariat für die Einheit der Christen, Ökumenisches Direktorium, 1. Teil: Richtlinien zur Durchführung der Konzilsbeschlüsse über die ökumenische Aufgabe, eingeleitet v. Wilhelm Bartz, Trier 1967 (= Nachkonziliare Dokumentation Bd. 7).

Dto., 2. Teil: Ökumenische Aufgaben der Hochschulbildung, eingeleitet v. Wilhelm Bartz, Trier 1970 (= Nachkonziliare Dokumenation Bd. 27).

Papst Johannes Paul II., Ansprache bei der Begegnung mit Vertretern des Rates der EKD im Dommuseum in Mainz am 17. November 1980; in: Papst Johannes Paul II. in Deutschland (= VAS 25A), S. 79–82.

Ders., Ansprache an die Vertreter der Arbeitsgemeinschaft Christlicher Kirchen in der Bundesrepublik Deutschland und Berlin-West im Dommuseum in Mainz am 17. November 1980; in: Papst Johannes Paul II. in Deutschland (= VAS 25A) S. 85–88.

Ders., Ansprache bei dem ökumenischen Treffen in Yaoundé (Kamerun) am 12. August 1985; in: DAS 1985, S. 848f.

Ders., Ansprache beim ökumenischen Treffen in Nairobi (Kenia) am 18. August 1985; in: DAS 1985, S. 949–951.

Ders., Ansprache bei der Begegnung mit den Führern der anderen christlichen Gemeinschaften im St.-Xavier's-College in Kalkutta am 3. Februar 1986; in: DAS 1986, S. 354f.

Ders., Ansprache bei der ökumenischen Begegnung in Christchurch, Neuseeland, am 24. November 1986; in: DAS 1986, S. 870–872.
Ders., Homilie im ökumenischen Wortgottesdienst zu Apg 1,6–8 in der Basilika St. Ulrich und Afra zu Augsburg am 4. Mai 1987; in: Predigten und Ansprachen Papst Johannes Pauls II. bei seinem zweiten Pastoralbesuch in Deutschland (30. April–4. Mai 1987). Hrsg. Sekretariat der Deutschen Bischofskonferenz, Bonn 1987 (= VAS 77), S. 121–124.
Ders., Ansprache bei der Begegnung mit Vertretern der christlichen Kirchen in Warschau am 8. Juni 1987; dt. in: L'Osservatore Romano Nr. 27, 3. 7. 1987, S. 12.
Sekretariat zur Förderung der Einheit der Christen, Die ökumenische Zusammenarbeit auf regionaler und örtlicher Ebene, eingeleitet u. kommentiert v. Werner Becker, Trier 1976 (= Nachkonziliare Dokumentation Bd. 56).
Die ökumenische Zusammenarbeit auf regionaler, nationaler und örtlicher Ebene. Dokument des Sekretariats für die Einheit der Christen. Hrsg. Sekretariat der Deutschen Bischofskonferenz, Bonn 1980, 2. Aufl. (= VAS 27).
»Gemeinsames Zeugnis«. Ein Studiendokument der gemeinsamen Arbeitsgruppe der Römisch-katholischen Kirche und des Ökumenischen Rates der Kirchen. Hrsg. Sekretariat der Deutschen Bischofskonferenz, Bonn 1982 (= Arbeitshilfen 24).
Eine katholische Stellungnahme zu den Konvergenzerklärungen der Kommission für Glauben und Kirchenverfassung des Ökumenischen Rates der Kirchen: Taufe, Eucharistie und Amt, vom 21. Juli 1987. Hrsg. Sekretariat der Deutschen Bischofskonferenz, Bonn 1987 (= VAS 79).
Europäische Ökumenische Versammlung Frieden in Gerechtigkeit, Basel, 15.–21. Mai 1989. Das Dokument vom 20. Mai 1989. Die Botschaft. Brief von Johannes Paul II. (vom 11. Mai 1989). Anhang: Gottes Gaben – Unsere Aufgabe. Die Erklärung von Stuttgart. Hrsg. Sekretariat der Deutschen Bischofskonferenz, Bonn 1989 (= Arbeitshilfen 70).
Richtlinien für die ökumenische Praxis vom 18. August 1985. Hrsg. Sekretariat der Deutschen Bischofskonferenz, Bonn 1985 (= Arbeitshilfen 39).
Joseph Kardinal Höffner, Die Wahrung der Einheit in der Kirche. Eröffnungsreferat bei der Herbstvollversammlung der Deutschen Bischofskonferenz 1978 in Fulda. Hrsg. Sekretariat der Deutschen Bischofskonferenz, Bonn 1978 (= Der Vorsitzende 6).

8.20 Okkultismus

Der Limburger Bischof Franz Kamphaus schrieb 1988 in einem Brief an einen Jugendlichen:

In Deinem letzten Brief erzählst Du, wie bei Euch in der Schule das Gläserschieben und Tischerücken in Mode gekommen ist und wie viele den verrücktesten okkulten Vorstellungen nachlaufen, um

Kontakte mit dem Jenseits zu bekommen. Durch »Auspendeln« versprechen sie sich Antworten auf ihre Lebensfragen. Was ist von diesen Dingen zu halten? Man könnte laut lachen, wenn es nicht zum Weinen wäre. Denn was oft aus Neugierde beginnt, kann schnell schlimme Folgen haben. Dann sucht man bei spiritistischen Sitzungen Kontakt mit Verstorbenen oder Geistern aus jenseitigen Sphären. Oder man bildet sich ein, direkt mit dem Bösen in Verbindung zu stehen. Man schreibt ihm Unfälle zu, scheinbar unerklärliche Ereignisse, Enttäuschungen, Streit und die ganzen Widersprüchlichkeiten des Lebens. Man begibt sich in eine finstere Abhängigkeit und denkt schließlich nur noch darüber nach, was das Böse einem als nächstes antun wird. Lehrer berichten mir, daß sich Schüler im Wesen verändern, plötzlich still werden und voll Angst und Schrecken sind.

Es ist nicht ganz leicht, in einem kurzen Brief etwas Licht in diese dunklen (okkulten) Dinge zu bringen. Wenn heute viele Zeitgenossen sich solch magischen Praktiken zuwenden, steckt dahinter eine Menge Enttäuschung und Ratlosigkeit. Wirtschaft und Technik, Wissenschaft und Politik haben viel Vertrauen eingebüßt, gerade bei Euch Jüngeren. Bei vielen von Euch ist der Fortschrittsoptimismus früherer Generationen umgeschlagen in Fortschrittsverdruß: Der Fortschritt scheint zu einem blinden, ziellosen Selbstlauf geworden zu sein, der mehr Probleme schafft, als er löst. Das Tempo der Entwicklung ist schneller, als der Mensch mit seinen begrenzten Kräften verarbeiten kann. Er kommt nicht mehr mit.

Darüber hinaus läßt sich nicht übersehen, daß viele heute das Gespür haben: Aufklärung und Kopfwissen sind nicht der Weisheit letzter Schluß. Was draußen in der Welt vorgeht, was wir in uns selbst vorfinden, ist oft dunkel genug und nicht zu begreifen. Wie können wir die finsteren Verhältnisse in uns und um uns durchstehen? Sicher nicht, indem wir sie einfach abspalten, nur die Sonnenseite sehen und die Schattenseite leugnen. Das Verdrängte taucht über Nacht als Gespenst wieder auf, kann sich geradezu explosionsartig entladen. Oder es schafft sich eine Art Ersatzreligion mit finsteren Räumen, in die man eintauchen kann. Dann überläßt man sich der Magie und verfällt auf Schwarze Messen. Oder man sucht Zuflucht und Rat bei »rückenden Gläsern« und »schreibenden Tischchen«. Man nimmt Kontakt auf mit dunklen Geistern, um mit sich und der Welt klarzukommen – und wird sie schließlich nicht mehr los.

Als Zeichen unserer Zeitnöte nehme ich diese Art von Okkultismus sehr ernst. Zwar gibt es bei solchen magischen Praktiken eine ganze Menge Schummelei, bloße Selbstbestätigung oder auch nur den

Lustkitzel am Neuen und Gefährlichen. Und natürlich gibt es Leute, die mit diesen dunklen Sachen noch finstere Geschäfte machen. Aber entscheidend ist eben doch, daß viele heute ratlos sind und suchend. Da ist ihnen dann jede Adresse recht, die etwas Heil und Erlösung verspricht.

Genau das stimmt mich nachdenklich und traurig zugleich. Was ist mit unserer Kirche los, daß immer mehr Menschen woanders ihr Heil suchen? Junge Leute – vor ein paar Jahren erst gefirmt – kehren der Kirche gelangweilt und desinteressiert den Rücken und wenden sich irgendwelchen »Sinnagenturen« zu. Ob wir ihnen zu verkopft sind, zu aufgeklärt?

Dabei haben wir doch die ganze Erfahrung unseres Glaubens, daß der Mensch weit mehr ist als aufgeklärte Vernunft und Wissen. Wir glauben uns umgeben von Gottes wohltuender Gegenwart. Die Bibel spricht von den Engeln Gottes, die uns beschützen und begleiten. Ebenso gibt es teuflische Versuchungen, Teufelskreise der Gewalt, der Lüge und des Unrechts, Verblendungszusammenhänge, in denen der einzelne fast machtlos ist. Das verschweigt die Bibel nicht, davon weiß unser Glaube zu erzählen. Er spaltet das Dunkle nicht ab, sondern stellt sich ihm. Er ist ja kein Zufall, daß wir unser Christsein in der Weih-Nacht und der Oster-Nacht bekennen. Die Nacht ist wichtig, nicht nur der Tag, das Dunkel hat Bedeutung, nicht nur das Licht, das »Okkulte« ist ernst zu nehmen, nicht nur das Helle. Beides nimmt der Glaube wahr, beides wird in der Liturgie so gestaltet, daß wir angesprochen werden, so wie wir sind – mit Licht und Schatten, mit Hellem und Dunklem, mit Tod und Leben. Gott kommt uns entgegen bei Licht und in Dunkelheiten, er geht mit uns Tag und Nacht. Sowohl unsere Vernunft wie unser Unbewußtes, unsere Gedanken wie unsere Träume sind das Medium seiner Ankunft. Entscheidend dabei ist dies, daß uns Gott bekannt geworden ist in Jesus Christus.

Lieber Michael, ich habe wenig Hoffnung, daß wir okkult-begeisterte Zeitgenossen mit Vernunft allein überzeugen werden. Je klarer wir aber den Erfahrungsreichtum unseres eigenen Glaubens entdecken und leben, desto eher werden wir auch die erreichen, die sich heute nur mit Okkultismus zu helfen wissen. Das Ganze ist eine heiße Frage an uns als Christen und als Kirche: Schaffen wir es, den christlichen Glauben so zu leben, daß alle Welt spürt, wie sehr Gott das ganze Dasein umfaßt – Licht und Schatten, Tag und Nacht, Tod und Leben? Haben wir nicht etwa in der Liturgie der Karwoche zwischen Palmsonntag und Osternacht viele Ausdrucksmöglichkeiten für unsere Art von »Okkultem«, durch das wir mit Jesus Christus zum Licht der Auferstehung kommen? In Brasilien und Bolivien habe ich erlebt, wie die Karwoche Menschen verändern kann, wenn Liturgie und Leben zusammenkommen. Was aber muß sich dann in unserer Liturgie, in unserer Kirche ändern, daß auch jene sich wieder angesprochen und aufgehoben fühlen, die jetzt meinen, okkultisch fremdgehen zu müssen? Die Frage läßt mich nicht los.

aus: Franz Kamphaus, Briefe an junge Menschen. Als Manuskript gedruckt im Auftrag des Bischofs von Limburg. Limburg 1988 (auch: Verlag Herder, Freiburg – Basel – Wien, [6]1989).

8.21 Sexualität

In einem Hirtenbrief zu Fragen der menschlichen Geschlechtlichkeit schrieben die deutschen Bischöfe 1973 folgende Gedanken nieder:

Viele junge Menschen sind der Auffassung, daß Verlobten oder fest Versprochenen die völlige geschlechtliche Hingabe vor dem Eheschluß zustehe. Sie erblicken in der Lehre der Kirche, daß die gegenseitige Hingabe von Mann und Frau an die Ehe gebunden ist, entweder das Überbleibsel einer vergangenen Sexualangst oder eine Unterdrückung der menschlichen Freiheit im Intimbereich. Sie berufen sich für ihre selbstverständlich praktizierte sexuelle Intimbeziehung auf ihr gutes Gewissen. Nun gehört aber zu einem guten Gewissen immer auch eine zuverlässige Information. Sie kann nicht darin bestehen, daß eine mehr oder minder große Zahl anderer in gleicher Lage dasselbe tut. Das wäre billiges Mitläufertum. Was ist vielmehr das Richtige? Was stimmt mit der Situation des Lebens überein? Wir gestehen ohne weiteres zu, daß sich solches Handeln erheblich von der vorher genannten unpersönlichen und bindungslosen Sexualbeziehung als der eigentlichen Form der Unzucht unterscheidet. Aber es sprechen gewichtige Gründe gegen diese Auffassung. Wie die tägliche Erfahrung zeigt, führen viele Verlöbnisse und Liebesbindungen nicht zur Ehe. Die Liebenden aber setzen mit ihrer geschlechtlichen Einswerdung das Zeichen der Ehe ohne Ehe. Ferner kann man nicht, wie immer wieder zu hören ist, in der sexuellen Hingabe vor der Ehe die spätere eheliche Situation ausprobieren wollen. Personale Hingabe kann nur vollzogen, nicht ausprobiert werden. Schließlich wird in der vorweggenommenen ehelichen Hingabe ohne das bindende Jawort die Tatsache vergessen, daß die Liebe zweier Menschen den Eheabschluß vor Gott und den Menschen braucht, um endgültig zu sein. Gerade in diesem Bereich wollen manche aber nur das private

Glück ohne die Rücksicht auf die eheliche Lebensform, die für Kirche und Gesellschaft entscheidend ist.

Ehe ist ein Sakrament, das den Bund der Liebe zweier Menschen zum sichtbaren Abbild der Verbindung Christi mit seiner Kirche erhebt. Damit ist ein Glaubensgeheimnis ausgesprochen, das nicht in wenigen Worten ausgedeutet werden kann. In das sakramentale Zeichen ist auch die leibliche Hingabe miteinbezogen. Wir bitten die jungen Menschen, die in dieser Entscheidungssituation stehen, in redlichem Nachdenken und offenem Gespräch diese Gründe zu bedenken und der Herausforderung durch das Evangelium nicht auszuweichen.

Im Rahmen dieser Erklärung möchten wir auch jene große Gruppe von Männern und namentlich Frauen ansprechen, die nicht um des Gottesreiches willen auf die Ehe verzichtet haben wie die Priester und Ordensleute, sondern aus anderen gewichtigen Gründen, wie z. B. lebensfüllender Beruf, Versorgung alter Eltern, Mithilfe für verheiratete Geschwister, gesundheitliche Schäden. Wir denken auch an jene Männer und Frauen, die ehelos bleiben mußten, weil sie keinen Lebenspartner gefunden haben. In diesem Zusammenhang muß deutlich gesagt werden, daß die Verwirklichung eines sinnerfüllten Lebens nicht nur den Eheleuten erreichbar ist. Das wird in der innerkirchlichen Diskussion nicht selten vergessen. An die Ehelosen richten sich hohe Erwartungen, man ist aber wenig bereit, ihre besonderen Probleme zu sehen, die vorwiegend in der Einsamkeit liegen. Wir alle müssen uns Gedanken machen, wie wir gerade in der Kirche den Nichtverheirateten gerecht werden. Möglichkeiten einer gesellschaftlichen und freundschaftlichen Begegnung könnten noch vielfach geschaffen werden. Sie selbst sollten Kontakte im Beruf und Betätigung in Aufgaben, die sich heute in Kirche und Gesellschaft stellen, gern wahrnehmen. Das hier Gesagte gilt auch für den verwitweten Menschen.

Schließlich wenden wir uns an die Verheirateten. In ihrer Gemeinschaft sollen sich alle Wesenszüge der menschlichen Geschlechtlichkeit umfassend verwirklichen. Darum ist die leiblich-geistige Ganzhingabe von Mann und Frau an die Ehe gebunden. Das bezeugt die Heilige Schrift und die Überlieferung der Kirche.

Ein häufig geäußerter Grund für die Preisgabe der unauflöslichen Einehe ist die Berufung auf die Sexualität, deren Befriedigung angeblich durch die Dauerbindung an einen Partner nicht zu ihrem Recht kommt. Es stimmt, wie die Erfahrung zeigt, daß eine auf isoliertes Luststreben begründete Ehe keinen Bestand haben kann. Auch haben jene Aufklärungsbücher unrecht, welche die lustvoll erlebte Sexualität als einzigen Garanten einer glücklichen Ehe preisen. Nur

dort schenkt die Sexualität in der Ehe wahrhaft Glück und Bereicherung, wo zwei Menschen auf die Fülle ihrer Liebe hinstreben, in Treue und Verantwortung füreinander, wo sie Lebenspartner werden, miteinander über alles sprechen können, was sie bewegt.
Auch in der Ehe kann ein Partner den anderen egoistisch ausbeuten und als Mittel zum Zweck der eigenen Triebbefriedigung erniedrigen. Dann wird die Hingabe dem gedemütigten Gatten nur noch zur widerwillig geleisteten Pflicht. Wo jedoch einer den anderen am Glück dieser Hingabe teilnehmen läßt, wo die gegenseitige Liebe der Grund der Vereinigung ist, dort soll sie von beiden auch im vollen Ausmaß ihres lustvollen Erlebnisses erfahren werden.
Mit großem Respekt denken wir an jene Ehepartner, die ihre Verantwortung und Treue nicht aufgeben, obwohl sie immer wieder erfahren, wie unzureichend und belastend ihr Ehealltag sein kann aufgrund der mangelhaften menschlichen Verwirklichung. Sie erfahren, daß Sexualität allein die Partner weder bindet noch erfüllt. Ihre Verantwortung und Treue sind Zeugnis für den Geist und die Kraft, die im gelebten Glauben geschenkt werden.

aus: Hirtenbrief der deutschen Bischöfe zu Fragen der menschlichen Geschlechtlichkeit vom 12. März 1973. Hrsg. Sekretariat der Deutschen Bischofskonferenz, Bonn 1973. (= Die deutschen Bischöfe 05), S. 12–14.

Papst Johannes Paul II. sagte während seines Deutschlandbesuchs am 15. November 1980 in Köln unter anderem:

Staat und Gesellschaft leiten ihren eigenen Zerfall ein, wenn sie Ehe und Familie nicht mehr wirksam fördern und schützen und andere, nichteheliche Lebensgemeinschaften ihnen gleichstellen. Alle Menschen guten Willens, besonders wir Christen, sind aufgerufen, die Würde und den Wert von Ehe und Familie neu zu entdecken und überzeugend vorzuleben. Die Kirche bietet dazu aus dem Licht des Glaubens ihren Rat und ihren geistlichen Dienst an.
5. Ehe und Familie sind zutiefst verknüpft mit der personalen Würde des Menschen. Sie entspringen nicht nur dem Trieb und der Leidenschaft, auch nicht allein dem Gefühl; sie entspringen vor allem einem Entschluß des freien Willens, einer personalen Liebe, durch die die Gatten nicht nur ein Fleisch, sondern auch ein Herz und eine Seele werden. Die leibliche und sexuelle Gemeinschaft ist etwas Großes und Schönes. Sie ist aber nur dann voll menschenwürdig, wenn sie in eine personale, von der bürgerlichen und kirchlichen Gemeinschaft anerkannte Bindung integriert ist. Volle Ge-

schlechtsgemeinschaft zwischen Mann und Frau hat darum ihren legitimen Ort allein innerhalb der ausschließlichen und endgültigen personalen Treuebindung in der Ehe. Die Endgültigkeit der ehelichen Treue, die heute vielen nicht mehr verständlich erscheinen will, ist ebenfalls ein Ausdruck der unbedingten Würde des Menschen. Man kann nicht nur auf Probe leben, man kann nicht nur auf Probe sterben. Man kann nicht nur auf Probe lieben, nur auf Probe und Zeit einen Menschen annehmen.

6. So ist Ehe auf Dauer, auf Zukunft ausgerichtet. Sie schaut über sich hinaus. Die Ehe ist der einzig angemessene Ort für die Zeugung und Erziehung von Kindern. Darum ist eheliche Liebe ihrem Wesen nach auch auf Fruchtbarkeit ausgerichtet. In dieser Aufgabe, menschliches Leben weiterzugeben, sind die Ehegatten Mitwirkende mit der Liebe Gottes des Schöpfers.

aus: Papst Johannes Paul II., Predigt zum Thema Ehe und Familie auf dem Butzweiler Hof in Köln am 15. November 1980; in: Papst Johannes Paul II. in Deutschland, 3. veränderte Aufl. Hrsg. Sekretariat der Deutschen Bischofskonferenz, Bonn 1980, offizielle Ausgabe (= VAS 25A), S. 19.

Weitere Texte zur Sexualität:

Erklärung der Kongregation für die Glaubenslehre zu einigen Fragen der Sexualethik vom 29. Dezember 1975. Hrsg. Sekretariat der Deutschen Bischofskonferenz, Bonn 1976 (= VAS 1).

Kongregation für das katholische Bildungswesen, Orientierung zur Erziehung in der menschlichen Liebe. Hinweise zur geschlechtlichen Erziehung vom 1. Dezember 1983. Hrsg. Sekretariat der Deutschen Bischofskonferenz, Bonn 1983 (= VAS 51).

Zur Sexualerziehung in Elternhaus und Schule. Erklärung der deutschen Bischöfe vom 30. April 1979. Hrsg. Sekretariat der Deutschen Bischofskonferenz, Bonn 1979 (= Die deutschen Bischöfe 23).

8.22 Terrorismus

Im Hirtenbrief »Gegen Gewalttat und Terror in der Welt« vom September 1973 sagen die deutschen Bischöfe:

Gewalttätigkeiten und Revolutionen zerstören

Gewalttätigkeit ist sinnlos. Das wirtschaftliche, soziale und politische Leben ist heute so weltweit verflochten, daß jegliche Gewaltanwendung immer auch Unbeteiligte trifft. Gewalttätigkeiten und Revolutionen zerstören, sie bauen nicht auf. So sagt Papst Paul VI. in

seiner Enzyklika »Populorum progressio«: »Jede Revolution – ausgenommen im Fall der eindeutigen und lange dauernden Gewaltherrschaft, die die Grundrechte der Person schwer verletzt und dem Gemeinwohl eines Landes gefährlich schadet – zeugt neues Unrecht, bringt neue Störungen des Gleichgewichts mit sich, ruft neue Zerrüttung hervor. Man darf ein Übel nicht mit einem noch größeren Übel vertreiben« (Gaudium et spes, Nr. 31).
Gewalttätigkeit und Terror sind nicht die Mittel, das jedem Volk zustehende Recht auf Selbstbestimmung durchzusetzen. Nur allzu leicht liefern sich jene, die sich mit Gewalttaten für die berechtigte Freiheit ihres Volkes einsetzen, Mächten aus, denen es keineswegs um Gerechtigkeit und Freiheit dieser Völker geht, sondern die diese Idealisten nur als Werkzeuge für ihre machtpolitischen Ziele mißbrauchen.
Hinzugefügt sei: so sehr wir offenen Terror und Gewalt verurteilen, so wenig sind wir bereit, uns mit Zuständen abzufinden, die den Menschen auf andere Weise unterdrücken. Auch durch Systeme mit sozialen und wirtschaftlichen Mißständen kann der einzelne entwürdigt werden.

aus: Gegen Gewalt und Terror in der Welt. Erklärung der Vollversammlung der Deutschen Bischofskonferenz vom 27. September 1973. Hrsg. Sekretariat der Deutschen Bischofskonferenz, Bonn 1973 (= Die deutschen Bischöfe 1), S. 5f.

1978 äußerten sich die deutschen Bischöfe ein weiteres Mal zum Terrorismus:

Verantwortung der Politiker

Der Terrorismus stellt die Grundlagen und den Bestand des Staates und der Gesellschaft in Frage. Daher sind vor allem die Politiker aufgerufen, die Grundlagen und unverfügbaren Grundwerte menschlichen Zusammenlebens entschieden zu schützen. Politik muß immer pragmatisch sein, sonst ist sie wirkungslos. Politik darf aber nie nur pragmatisch sein, sonst untergräbt sie ihr eigenes Fundament.
Politik kann freilich die Grundlagen menschlichen Zusammenlebens und menschlicher Freiheit nur dann wirksam verteidigen, wenn die Politiker sich auch selbst verpflichten, im Umgang miteinander und in der Erfüllung ihres Dienstes jene menschlichen Werte und Einstellungen zu wahren, ohne die sich die Menschlichkeit zersetzt. Wie Politiker Politik betreiben, wie sie ihre eigene Verantwortung menschlich glaubwürdig machen, davon hängt es ab, ob die kri-

tischen und fragenden Menschen in unserem Staat eine Alternative zu utopischen Ideologien oder zu Desinteresse, Resignation und Verweigerung finden.
Statt Konsum, Verschwendung und Wegwerfen muß Ehrfurcht vor dem Leben und vor dem Lebensraum des Menschen die politischen Entscheidungen und den politischen Stil bestimmen.
Danach wird auch ein mutiges Eintreten für Maßnahmen, die einfach notwendig sind, um die Institutionen und durch sie den Freiheitsraum des einzelnen in der Gesellschaft zu wahren, auf Verständnis stoßen. Freilich ist dabei notwendig, nicht allein auf Publikumserfolg Rücksicht zu nehmen, sondern die Verantwortung auch für unbequeme Schritte durchzutragen, wenn sie im Interesse der Gemeinschaft und der Freiheit erforderlich sind.

Verantwortung der Gesellschaft

Der Ruf nach dem Staat allein genügt nicht. Eine freie Gesellschaft braucht die Mitverantwortung aller, die sie tragen.
Ist hier nicht die Feigheit fatal, die sich zu nichts bekennt, die über letzte Maßstäbe und Werte nicht spricht, die in kritischer und zynischer Distanz abwartet, wo Bekenntnis, Einsatz und klare Entscheidung not täten?
Wir dürfen nicht nur von einem neuen Lebensstil sprechen, wir müssen ihn auch praktizieren. Zu diesem Lebensstil gehören ebenso Entschiedenheit, Klarheit und Mut wie Offenheit, Toleranz und Bereitschaft zur Verständigung und Vergebung.
Die besondere Verantwortung der Intellektuellen haben wir bereits angesprochen. Eine hochentwickelte Gesellschaft lebt von den Gedanken, die in ihr kreisen. Jeder Gedanke, jedes Wort ist ein Same, aus dem gute und böse Frucht wachsen kann. Was gedacht, gesagt, inszeniert, geschrieben und gesendet wird, fällt nicht in ein Niemandsland hinein, sondern wirkt auf lebendige Menschen, prägt Lebenswege und Lebensentscheidungen. Und deshalb appellieren wir an alle, die in Wissenschaft, Lehre, Erziehung, Kunst und Publizistik tätig sind, sich ihrer Schlüsselstellung für die Zukunft unserer Gesellschaft bewußt zu sein.
Wo immer Menschen in Erziehung, Politik, Wirtschaft und Kirche tätig sind, wird es Reibungen geben. Eine konfliktfreie Gesellschaft bleibt Utopie. Es bedarf fortgesetzter Anstrengungen, um die Ursachen von Konflikten zu suchen und entdeckte Störungen in Ordnung zu bringen. Es ist nicht heilsam, »Sand ins Getriebe zu streuen«, um damit bewußt ständig Konflikte herbeizurufen. Unsere Zeit braucht Friedensstifter und Versöhnende, wenn die Gesellschaft nicht zu einem Kampfplatz von Feinden werden soll.

Verantwortung der Christen und der Kirche

Wir haben eingangs daran erinnert, daß Christus vor der Last und Not der Menschheit nicht umgekehrt, sondern auf sie zugegangen ist. Auch wir Christen dürfen uns nicht zurückziehen. Zwar müssen wir uns und unser Verhalten immer neu in Frage stellen, aber in Frage stellen durch ein Wort, das gilt und das bleibt: durch das Evangelium. Geben wir ihm die Chance, in uns zur lebendigen Alternative zu werden gegen alle Zerstörung und Verzweiflung, die in den Gedanken, Herzen und Taten der Menschen um sich greifen.
Erkennen wir doch, was gerade heute der Ruf des Evangeliums zur Umkehr und Versöhnung bedeutet.
Gegen den Sog des bloßen Pragmatismus, dessen also, was sich nur in Nützlichkeit, Vorteil und Genuß auszahlt, rückt uns das Evangelium jene Maßstäbe und Werte vor Augen, die über Welt und Geschichte hinausweisen; gerade so werden wir befähigt, ein unverkürztes Ja zum Menschen zu sagen und unsere Gesellschaft menschlich zu gestalten.
Gegen eine bloße »Wegwerfkultur« wird Kirche zum Anwalt dessen, was den Tag überdauert und das Heute erträglich macht.
Gegen die Sinnleere setzt die Nachfolge Christi jene Ziele, die den ganzen Einsatz, die ganze Hingabe lohnen und so die Langeweile und die Lust am Zerstören bannen.
In dem Maße, wie Christen und Kirche das Evangelium als Alternative vorleben, kann eine Erneuerung des Menschen, der Gesellschaft und der Kirche gelingen.
Den Weg muß uns vor allem das größte, unteilbare Gebot der Liebe zu Gott und zum Nächsten weisen. Dabei muß uns vor Augen bleiben, daß auch der Feind unser Nächster ist: Nächstenliebe ist freilich nicht nur Gesinnung. Sie schließt auch jene Gerechtigkeit ein, die jedem das Seine gibt. Katholische Soziallehre gehört in jene Verkündigung mit hinein, welche die Kirche der Gesellschaft schuldet.
In den Spannungen zwischen den Generationen muß es christliche Familien als Zellen der Erneuerung in unserem Volke geben. Familien, die Geborgenheit schenken und auch dann in Liebe den Kindern zugetan sind, wenn Konflikte das Miteinander erschweren. Alle Gesellschaftspolitik muß diesem Ziel dienen.

aus: Ursachen des Terrorismus und Voraussetzungen seiner Überwindung. Erklärung der Deutschen Bischofskonferenz vom 10. April 1978. Hrsg. Sekretariat der Deutschen Bischofskonferenz, Bonn 1978 (= Die deutschen Bischöfe 16), S. 16–18.

Weitere Stellungnahmen zum Thema »Terrorismus«:
Papst Johannes Paul II., Botschaft an den Kongreß der Weltunion christlicher Demokraten in Rom vom 18. Februar 1982; in: DAS 1982, S. 909–915.

Ders., Apostolisches Schreiben im Anschluß an die Bischofssynode »Reconciliatio et paenitentia« über Versöhnung und Buße in der Sendung der Kirche heute vom 2. Dezember 1984. Hrsg. Sekretariat der Deutschen Bischofskonferenz, Bonn 1984 (= VAS 60); hier vor allem: Einleitung, S. 5–7.
Erklärung der Vollversammlung der Deutschen Bischofskonferenz zum Terrorismus vom 21. September 1977; in: Pressedienst des Sekretariats der Deutschen Bischofskonferenz. Dokumentation XXV/77. – Abgedruckt in: Terrorismus. Hrsg. Hans Maier (= Topos-Taschenbücher 81), S. 85–89.
Klaus Hemmerle, Geistige Hintergründe des Terrorismus. Theologische und pastorale Folgerungen; in: Terrorismus. Beiträge zur geistigen Auseinandersetzung. Hrsg. Hans Maier, Mainz 1979 (= Topos-Taschenbücher Bd. 81), S. 47–60.

8.23 Umweltschutz

Im Jahre 1980 erschien ein Dokument der Deutschen Bischofskonferenz mit dem Titel »Zukunft der Schöpfung – Zukunft der Menschheit«. Darin kann man u. a. lesen:

Frohe Botschaft von der Schöpfung, Spiritualität christlichen Weltverhaltens – das verlangt von uns, die Grundverhältnisse der Schöpfungsordnung anzunehmen. Daraus ergibt sich nicht unmittelbar ein energie- und umweltpolitisches Konzept. Es wäre zudem nicht Sache der Bischöfe, ein solches zu erstellen. Wohl aber ist es notwendig, einige wichtige Konsequenzen zur Sprache zu bringen, an denen Politik, Wirtschaft, Technik nicht vorbeiplanen dürfen.

Schutz der Arten

- Wir sind verpflichtet, den Grundbestand der Schöpfung in seinem ganzen Reichtum zu wahren. Sicher ist der Mensch darauf angewiesen und dazu berechtigt, von den Vorräten dieser Erde, auch von Pflanzen und Tieren, zu leben. Im Unterschied zum Menschen als Personwesen haben Pflanzen und Tiere kein unantastbares individuelles Lebensrecht. Wohl aber gehört die Vielfalt der Arten in Pflanzen- und Tierwelt zu jenem Grundbestand der Schöpfung, den der Mensch als Beherrscher und Gestalter dieser Welt zu hüten hat. Dabei geht es nicht bloß um das Belassen von Einzelexemplaren, also um etwas wie eine Arche Noah, in welcher der Mensch einen Rest von Schöpfung gegen eine von ihm selbst veranstaltete Sintflut schützte. Nein, die pflanzlichen und tierischen Arten brauchen Lebensraum, in dem sie sich entfalten.

Das Lebendige soll leben können, nicht nur um der Nützlichkeit für den Menschen willen, einfach um zu leben und da zu sein. Natur ist von Natur aus immer verschwenderisch. Wer nur nach Gesichtspunkten der Nützlichkeit fragt, verstößt ungeahnt und ungewollt oft genug auch gegen die der Nützlichkeit.

Schonung der Tiere

– Wir Menschen sind berechtigt, Leistungen und Leben der Tiere in Anspruch zu nehmen. Es ist jedoch nicht zu verantworten, daß Tiere, die fühlende Wesen sind, ohne ernste Gründe, etwa bloß zum Vergnügen oder zur Herstellung von Luxusprodukten, gequält und getötet werden.

Keine Engführung auf das Energieproblem

– Sorge um die Zukunft unserer Schöpfung beschränkt sich nicht auf die Sorge um die Sicherstellung der benötigten Energie und um die schädlichen und gefährlichen Nebenwirkungen der Energiegewinnung. Es geht um den Lebensraum für den Menschen und für seine Mitgeschöpfe insgesamt. In ein Gesamtkonzept des Wachstums und des Fortschritts gehören unabdingbar auch die Ziele: Reinheit und Unverbrauchtheit von Luft und Gewässern, Schonung und Erhaltung von Boden und Landschaft. Politische, wirtschaftliche, technische Planungen müssen dem Rechnung tragen.

Maximen für die Fragen der Energiegewinnung

– Nichtsdestoweniger ist die Frage nach dem Wie der Energiegewinnung und dem Wieviel des Energieverbrauchs zentral. Aber auch sie wäre zu eng gefaßt in der Alternative: Atomenergie oder andere Energiearten? Jede Weise von Energiegewinnung muß auf ihre Rückwirkungen für den Menschen und für die Lebensbedingungen dieser Erde befragt werden. Es wäre kurzsichtig, ausschließlich die Gefahren, die bei der Gewinnung und Anwendung von Kernenergie befürchtet werden, in Anschlag zu bringen, jene Gefahren aber zu übersehen, die mit anderen Wegen der Energieversorgung verbunden sind. Wohl darf nicht hingenommen werden, daß durch einen Mangel an Energie die Lebensmöglichkeiten gerade für den weniger entwickelten Teil unserer Menschheit untergraben würden. Wir dürfen nicht, um die Zukunft der Menschheit zu sichern, die Gegenwart opfern. Aber wir dürfen ebensowenig unsere Verpflichtung für die Zukunft des Lebens verleugnen, um uns in der Gegenwart unbequeme Opfer zu ersparen.

Die Erlaubtheit der Gewinnung und Nutzung von Kernenergie steht unter denselben Bedingungen wie die anderen Energiearten.

– Einerseits sind Gefahren und unerwünschte Folgen begrenzten Ausmaßes mit jeder Technologie verbunden. Es bleibt eine dringliche Aufgabe für Technik, Wirtschaft und Politik, das Mögliche zu tun, um diese Gefahren und Folgen weiter einzugrenzen und beherrschbar zu machen. Mit Methoden der Energiegewinnung sind jeweils Methoden mitzuentwickeln, um schädliche Neben- und Nachwirkungen auszuschließen oder doch weitestgehend abzufangen.

– Andererseits darf aber keine Art von Energiegewinnung vorangetrieben werden, bei welcher eine ernstliche Gefahr für das Leben der Menschheit durch mögliche Unfälle oder künftige Nebenwirkungen drohte. Es gibt keinen Grund, der eine Ausnahme von dieser Regel rechtfertigte. Wirksam kann diese Regel – wie auch die folgenden – allerdings nur werden, wenn sich alle Staaten strikt an sie halten.

– Auch wenn sittlich verantwortbare Wege zur Bereitstellung und Nutzung von Atomenergie gefunden werden, bleibt es bedenklich, sich in der Großplanung auf nur eine Energieart festzulegen. Besser mehrere, sich ergänzende Wege als Ausbau nur eines Weges, der die Zukunft für weite Teile der Menschheit auf lange hin technologisch festlegt und kommenden Generationen den Spielraum für ihre eigenen Zukunftsentscheidungen blockiert. Besser Vielzahl und Vielfalt in der Energiegewinnung, weil so Eigenständigkeit und Korrektur leichter möglich bleiben.

– Umwelt- und Energiepolitik stehen im Zusammenhang mit vielen anderen Menschheitsproblemen, etwa Recht aller Völker auf Leben und Entwicklung, Bekämpfung der Arbeitslosigkeit. Es kann jedoch um dieses Zusammenhangs willen nicht auf die obengenannten Forderungen verzichtet werden. Es geht nicht an, eine Not lösen zu wollen, indem man eine andere aufreißt. Eine Politik, die sich dem Leben und der Entwicklung aller vorrangig verpflichtet, hilft am besten, jene Haltungen einzuüben, die für einen verantwortlichen Umgang mit Energie und Umwelt und für die Zukunft der Menschheit insgesamt unerläßlich sind.

Verantwortung für das Wie der Auseinandersetzungen

– Wir sind nicht nur für den Inhalt der fälligen Entscheidungen verantwortlich, sondern auch für die Weise, wie sie vorbereitet, getroffen und angenommen werden. Es gibt Anlaß zur besorgten Frage, ob in der Diskussion jede Seite in Nüchternheit und Lauterkeit ihre eigenen Gründe und Hintergründe offenlegt und in derselben Nüchternheit und Lauterkeit die Gegengründe ernst nimmt. Durchsetzen des Eigeninteresses, ohne den entgegenstehenden Interessen und Gesichtspunkten Rechnung zu tragen, wäre kurzsichtig. Verdächtigung und Fanatisierung, Einsatz anderer Mittel als sachbezogener Argumente blockieren nicht nur die dringend fällige Beantwortung offener Fragen, sondern vergiften auch das Klima der Gesellschaft und machen es insgesamt schwerer, Aufgaben der gemeinsamen Zukunft gemeinsam verantwortlich anzugehen.

Bedeutung des einzelnen

- Zwar kann ein sparsames und verantwortliches Verhalten des einzelnen nicht schon das globale Problem von Energie und Umwelt lösen. Und doch hängt Entscheidendes für die Zukunft der ganzen Menschheit am Verhalten eines jeden von uns. Nur wenn die einzelnen in ihrem Lebensbereich das für die ganze Menschheit sachlich Notwendige mittragen, wenn sie im Interesse der anderen »anders leben« lernen, als sie es vielleicht für sich selber sich leisten könnten, haben jene politischen, technischen und wirtschaftlichen Programme Aussicht, die für eine Zukunft der Menschheit in Freiheit und ohne unnötige Angst die besten sind.

aus: Zukunft der Schöpfung – Zukunft der Menschheit. Erklärung der Deutschen Bischofskonferenz zu Fragen der Umwelt und der Energieversorgung. Hrsg. Sekretariat der Deutschen Bischofskonferenz, Bonn 1980 (= Die deutschen Bischöfe 28), S. 17–20.

Weitere Stellungnahmen:

Papst Johannes Paul II., Ansprache beim Besuch des UNO-Umweltprogramms (UNEP) in Nairobi (Kenia) am 18. August 1985; in: DAS 1985, S. 941–948.

Ders., Umweltschutz: »Verantwortung für den Menschen von morgen«. Bei der Generalaudienz am 4. Juni 1986; in: DAS 1986, S. 1429f.

Joseph Höffner, Mensch und Natur im technischen Zeitalter. Eröffnungsvortrag auf der Vollversammlung der Deutschen Bischofskonferenz, Fulda, September 1980, in: Zukunft der Schöpfung (= Die deutschen Bischöfe 28), S. 22–45.

Verantwortung wahrnehmen für die Schöpfung. Gemeinsame Erklärung des Rates der Evangelischen Kirche in Deutschland und der Deutschen Bischofskonferenz. Hrsg. Kirchenamt der Evangelischen Kirche in Deutschland und Sekretariat der Deutschen Bischofskonferenz, Köln 1985.

Nachwort

Meinungsbildung ist bekanntlich kein fester Zustand, sondern ein beweglicher Vorgang. Das gilt auch für die Kirche. Solange es sich nicht um unabänderliche Dogmen handelt, sind das Entstehen und der Austausch von Standpunkten im Fluß. Alte Argumente bewähren sich und werden bekräftigt, neue Gesichtspunkte treten hinzu und eröffnen ungewohnte Perspektiven. Der Streit um den richtigen Weg der Kirche in der Gesellschaft und um den Kurs der Gesellschaft überhaupt läßt sich nicht immer vermeiden. Solange er offen und redlich geführt wird, kann der sachliche Streit sogar dazu dienen, die Meinungsbildung voranzubringen. In diesem Sinne stellen die hier abgedruckten Stellungnahmen der Kirche keine endgültigen Verlautbarungen dar, die für immer und ewig gelten. Sie sind vielmehr Stationen auf einem Weg. Die nächsten Etappen müssen die vorhergehenden keineswegs überflüssig machen. Aber sie können sie ergänzen und – falls nötig – behutsam korrigieren. Wenn wir uns die Offenheit dafür bewahren, braucht uns um die Zukunft der Kirche nicht bange zu sein.

Hermann Schulze-Berndt

Lehrt sie, alles zu befolgen, was ich euch geboten habe

Die elf Jünger gingen nach Galiläa auf den Berg, den Jesus ihnen genannt hatte. Und als sie Jesus sahen, fielen sie vor ihm nieder. Einige aber hatten Zweifel. Da trat Jesus auf sie zu und sagte zu ihnen: »Mir ist alle Macht gegeben im Himmel und auf der Erde. Darum geht zu allen Völkern, und macht alle Menschen zu meinen Jüngern; tauft sie auf den Namen des Vaters und des Sohnes und des Heiligen Geistes, und lehrt sie, alles zu befolgen, was ich euch geboten habe. Seid gewiß: Ich bin bei euch alle Tage bis zum Ende der Welt.«

Matthäus-Evangelium Mt 28, 16–20.

Anhang

Zusätzliche Erläuterungen zu den Begriffen »Enzyklika«, »Lehramt« und »Laie«,
von Manfred Kuhl, Archivar und Bibliotheksleiter beim Sekretariat der Deutschen Bischofskonferenz in Bonn

Enzyklika

Der Begriff »Enzyklika« wird erstmals von Papst Martin I. (649–653) in dem an alle Christgläubigen (649) gerichteten Schreiben »Gratia vobis et pax« gegen die Irrlehre des Monotheletismus verwandt. Erst Papst Benedikt XIV. (1740–1758) bedient sich wieder des Begriffs »Enzyklika« (Litterae encyclicae, Epistula encyclica). Seitdem hat dieser Terminus »... seinen festen Platz in der kirchlichen Epistolographie und zwar als ausschließliche Bezeichnung für eine bestimmte Form päpstlicher Lehrdokumente« *(A. Peiffer* S. 31).
Seit *Leo XIII.* wird zwischen »Epistola encyclica«, an Einzelgruppen von Bischöfen gerichtet, und »Litterae encyclicae«, die sich an die gesamte Kirche richtet, unterschieden.
Bis heute zählt man etwa 240 Enzykliken, die in der Regel alle lateinisch abgefaßt sind und nach ihren Anfangsworten zitiert werden. War es anfänglich das Bemühen, die gefährdeten Glaubenswahrheiten gegen die Irrtümer der Zeit zu verteidigen und zu sichern (so z. B. »Quanta cura« 1864 von Pius IX.), so wird seit *Leo XIII.* (1878–1903) eine Neubestimmung vorgenommen, indem die christliche Lehre vom Staat in den Vordergrund tritt. In den sogenannten Sozialenzykliken wird dieses Bemühen bis auf den heutigen Tag fortgesetzt: »Rerum novarum« (1891), »Quadragesimo anno« (1931), »Mater et magistra« (1961), »Laborem exercens« (1981) und »Sollicitudo rei socialis« (1988).
»Enzykliken sind, wo sie sich an die Gesamtkirche wenden, Ausdruck der obersten Lehrgewalt des Papstes, deshalb aber noch keine unfehlbaren Lehrentscheidungen« (LThK 3, Sp. 910).
Pius XI. bezeichnet den Lehrinhalt einer Enzyklika in »Ad catholici sacerdotii« vom 20. Dezember 1935 (AAS 28 [1936]) als »solemnia edita praecepta« und in der Enzyklika »Divini Redemptoris« vom 19. März 1937 schreibt er, es handle sich um »ein noch feierlicheres Dokument nach dem Brauch dieses Heiligen Stuhles« (»... idque faciamus per hoc maioris gravitatis documentum, quemadmodum huic Apostolicae Sedi, veritatis magistrae, moris est« (AAS 29 [1937] 68). *Pius XII.* äußert sich ähnlich, wenn er feststellt, daß die Enzykli-

ken die feierlichere Form ordentlicher Lehrverkündigungen an die ganze Kirche sind; so in der Ansprache vom 21. Januar 1942 »La Gradita Vostra Presenza«: »... Senza dubbio, Noi esercitiamo tale ministero, in primo luogo, quando in occasioni solenni Ci indirizziamo a tutta la Chiesa, ai Vescovi, Nostri Fratelli nell' episcopato« (Discorsi e Radiomessaggi di SS Pio XII, Bd. III, Milano 1943, 351).
Und über den Verbindlichkeitsgrad von Enzykliken äußert er sich in »Humani generis« vom 12. August 1950 wie folgt: »Ebensowenig darf man annehmen, was in den Enzykliken vorgelegt werde, fordere an sich keine Zustimmung, da die Päpste in diesen Schreiben nicht die höchste Gewalt ihres Lehramtes ausüben. ... Wenn die Päpste in ihren Akten über eine bislang umstrittene Frage ein ausdrückliches Urteil fällen, dann ist es für alle klar, daß diese nach der Absicht und dem Willen derselben Päpste nicht mehr der freien Erörterung der Theologen unterliegen kann« *(Heilslehre der Kirche* Nr. 445).
Karl Rahner: »Ein päpstliches Lehrschreiben, das keine Definition darstellt, ist grundsätzlich eine reformable Lehre. Das heißt natürlich zunächst einmal nicht, daß ein solches Schreiben für die Lehre, Auffassung und für das Gewissen eines Katholiken keine Bedeutung habe. Dieses Schreiben ist vielmehr grundsätzlich und von vornherein, solange ein katholischer Christ das kirchliche Lehramt nicht grundsätzlich ablehnt (und somit aufhört, katholisch zu sein), eine Erklärung, vor der er sich selbst und seiner persönlichen Auffassung gegenüber kritisch bleibt und so auch ernsthaft damit rechnen muß, daß eine solche Entscheidung von der kirchlichen Autorität unter der Leitung des Geistes nach bestem Wissen und Gewissen getroffen wurde und somit recht hat, auch wenn sie der eigenen subjektiven und wahrhaftig nicht von vornherein vor Irrtum geschützten Meinung widerspricht.
... Das ist die eine Seite des Verhältnisses eines Katholiken zu einer lehramtlichen Erklärung seiner Kirche. Die andere Seite aber kann so formuliert werden: Eine solche nichtdefinitorische Erklärung ist wirklich grundsätzlich reformabel und der Katholik bzw. der Theologe hat grundsätzlich das Recht, ja die Pflicht, von dieser Tatsache Kenntnis zu nehmen. Grundsätzliche Reformabilität einer lehramtlichen Erklärung bedeutet natürlich nicht ohne weiteres die Präsumtion der Überzeugung, daß die bestimmte vorliegende lehramtliche Erklärung auch tatsächlich falsch, unzureichend oder zu reformieren sei.« Solche »stillschweigenden oder ausdrücklichen« Revisionen päpstlicher Lehräußerungen hat es öfter gegeben. Sie zeigen, »wenn man sie konkret durchdenkt, daß dieses ›Rechnen‹ mit einer solchen Reformabilität grundsätzlich nicht erst dann erlaubt sein kann, wenn ganz allgemein eine solche Revision in der Kirche stattgefun-

den hat. Denn dann wäre eine solche Revision nie eingetreten, und man kann doch nicht voraussetzen, daß eine solche Revision in der Tat nur zustandekommt durch faktische Widersprüche zunächst einzelner, die – gewissensmäßig gesehen – unkatholisch dachten und handelten« *(K. Rahner,* Zur Enzyklika »Humanae vitae«, S. 283–285).

Die deutschen Bischöfe stellen 1967 in einem Hirtenschreiben fest: »Auch die Kirche kann in ihrer Lehre und Praxis sich nicht immer und in jedem Fall vor das Dilemma stellen lassen, entweder eine letztverbindliche Lehrentscheidung zu fällen oder einfach zu schweigen und alles der beliebigen Meinung des einzelnen zu überlassen. Zur Wahrung der eigentlichen und letzten Glaubenssubstanz muß sie, selbst auf die Gefahr eines Irrtums im einzelnen hin, Lehrweisungen aussprechen, die einen bestimmten Verbindlichkeitsgrad haben und doch, weil keine Glaubensdefinition, eine gewisse Vorläufigkeit bis zur Möglichkeit des Irrtums an sich tragen. Anders kann sie ihren Glauben als bestimmende Wirklichkeit des Lebens gar nicht verkündigen, auslegen und auf die je neue Situation des Menschen anwenden (Nr. 18).

... Wer glaubt, der privaten Meinung sein zu dürfen, die bessere künftige Einsicht der Kirche schon jetzt zu haben, der muß sich vor Gott und seinem Gewissen in nüchtern selbstkritischer Einschätzung fragen, ob er die nötige Weite und Tiefe theologischer Fachkenntnisse habe, um in seiner privaten Theorie und Praxis von der augenblicklichen Lehre des kirchlichen Amtes abweichen zu dürfen. Ein solcher Fall ist grundsätzlich denkbar« (Nr. 19). (Schreiben der deutschen Bischöfe an alle, die von der Kirche mit der Glaubensverkündigung beauftragt sind, S. 13.)

»Im Vertreten dieses Standpunktes wird er Rücksicht nehmen müssen auf die Gesetze des innerkirchlichen Dialogs und jedes Ärgernis vermeiden trachten«, so führen die deutschen Bischöfe in ihrer sogenannten Königsteiner Erklärung unter Nr. 12 aus und fahren dort fort: »Nur wer so handelt, widerspricht nicht der rechtverstandenen Autorität und Gehorsamspflicht. Nur so dient auch er ihrem christlichen Verständnis und Vollzug.«

Fidelis M. Gallati, Wenn die Päpste sprechen. Das ordentliche Lehramt des Apostolischen Stuhles und die Zustimmung zu dessen Entscheidungen. Wien 1960.

Arthur Peiffer, Die Enzykliken und ihr formaler Wert für die dogmatische Methode. Ein Beitrag zur theologischen Erkenntnislehre. Freiburg/Schweiz 1968 (= Studia Friburgensia NF 47).

Karl Rahner, Zur Enzyklika »Humanae vitae«, in: K. Rahner, Schriften zur Theologie Bd. IX. Zürich–Köln 1970, S. 276–301.

Karl Rahner – Joseph Ratzinger, Episkopat und Primat. Freiburg 1963 (= Quaestiones disputatae 11).
Schreiben der deutschen Bischöfe an alle, die von der Kirche mit der Glaubensverkündigung beauftragt sind, vom 22. September 1967 (= Die deutschen Bischöfe 01).
Wort der deutschen Bischöfe zur seelsorglichen Lage nach dem Erscheinen der Enzyklika »Humanae vitae«, Königstein/Taunus 30. August 1968, in: Paul VI., Enzyklika »Humanae vitae« über die rechte Ordnung der Weitergabe menschlichen Lebens. Trier 1968², S. 63–71 (= Nachkonziliare Dokumentation Bd. 14).

Lehramt

»Das Lehramt der Kirche gehört mit dem Priester- und Hirtenamt zu den Grundgewalten, welche der Erlöser in seinem mystischen Leib niedergelegt hat. Sie sind der Kirche übertragen worden, damit sie das Werk der Erlösung bis zum Ende der Tage fortsetzen kann.
Was verstehen wir also unter dem Lehramt der Kirche im allgemeinen? Es ist der von Christus den Aposteln und deren Nachfolgern gegebene Auftrag und das Recht, die von Gott geoffenbarte Wahrheit mit der höchsten Autorität allen Menschen zu verkünden, der innerlich und äußerlich zu gehorchen die Menschen gehalten sind« (*F. M. Gallati,* Wenn die Päpste sprechen, S. 9).
»Der Papst ist Träger des ordentlichen Lehramtes für die ganze Kirche. Er nimmt eine ganz einzigartige Stellung als Träger des ordentlichen und außerordentlichen Lehramtes ein. Jeder Bischof eines Kirchensprengels ist zwar Träger des ordentlichen wie außerordentlichen Lehramtes. Doch übt er das ordentliche Lehramt unmittelbar nur für seine Teilkirche (Diözese), bloß mittelbar und in Verbindung mit den übrigen Bischöfen für die ganze Kirche aus.« ...
»Die Träger des außerordentlichen Lehramtes sind die Bischöfe, sofern sie auf einem Konzil vereinigt sind, den Episkopat der ganzen Kirche vertreten und in Verbindung mit dem Bischof von Rom stehen; dann der Papst auch für sich allein, wenn er als oberster Lehrer der Kirche eine Lehre über Glauben oder Sitten definiert. Die Entscheidungen, welche aus dem außerordentlichen Lehramt erfließen, sind stets unfehlbar.« (*Gallati* a.a.O. 16).
Franz Böckle betont, daß das Charisma der Unfehlbarkeit strikt auf den Bereich der Offenbarungswahrheit eingegrenzt ist (vgl. *F. Böckle,* Humanae vitae als Prüfstein, S. 15). »Das wiederum hat Konsequenzen für die Anwendung der allgemeinverbindlichen Aussagen der Glaubens- und Sittenlehre auf die konkrete Situation«, sagt Walter

Kasper und er fährt fort: »Der Gehorsam gegenüber diesen Aussagen kann nicht einfachhin der Glaubensgehorsam im Sinn der ›fides divina et catholica‹ sein. ... Es ist vom Katholiken ein religiös bestimmtes inneres Eingehen auf solche Aussagen und ein Mitgehen mit ihnen verlangt, aber ein Ein- und Mitgehen, welches geistige und sittliche Mitverantwortung einschließt« *(W. Kasper,* Die bleibende Herausforderung, S. 423).

Karl Rahner setzt sich kritisch mit dem Jurisdiktionsprimat des Papstes im Zusammenwirken mit den Bischöfen auseinander und stellt hier fest:
»Der Papst besitzt nach katholischer definierter Lehre den vollen, unmittelbaren, ordentlichen und allgemeinen episkopalen Jurisdiktionsprimat über die ganze Kirche und jedes ihrer Glieder und Teile, einschließlich der Bischöfe, und zwar als einzelner. Auf der anderen Seite ist es katholische eindeutige Lehre (wenn sie auch noch nicht in dieser reflexen Deutlichkeit zusammengefaßt definiert ist), daß auch der Episkopat so iuris divini ist, daß der Papst trotz seines Jurisdiktionsprimates den Episkopat nicht abschaffen kann, daß die Bischöfe nicht als bloße Beamte und Stellvertreter des römischen Papstes betrachtet werden dürfen, daß sie vielmehr eine ihnen eigene Gewalt haben, ihre Herde nicht im Namen des Papstes, sondern im Namen Christi und in ihrem eigenen weiden und so nach göttlicher Anordnung Nachfolger der Apostel sind« *(K. Rahner,* Über das ius divinum des Episkopats, S. 61 f).
»Wenn es auch gegenüber dem allgemeinen Jurisdiktionsprimat des Papstes keine rechtliche Instanz gibt, vor der ein Dekret dieses Jurisdiktionsprimats rechtlich angefochten und gegen den Willen des Papstes aufgehoben werden könnte, wenn wir also auch im rechtlichen Bereich als solchem letztlich auf die Einsicht und den guten Willen des obersten Hirten der Kirche angewiesen sind und ihm ohne eine von ihm unabhängige rechtliche Sicherung gewissermaßen ausgeliefert bleiben, wenn wir also auch bei notwendigem Fehlen einer solchen innerweltlichen Abgesichertheit gegenüber möglichem Mißbrauch dieser Gewalt bei Gültigkeit ihrer Akte auf das Walten des Heiligen Geistes vertrauend angewiesen sind, der ohne solche menschliche Sicherungen verhindern wird, daß ein solcher (in gewissem Umfang immer möglicher und in einem gewissen Umfang bei der Sündigkeit aller Menschen auch immer eintretender) Mißbrauch das Wesen der Kirche als Institution und Konkretheit des Rechtes und auch der Liebe zerstöre, so wird man dennoch nicht bestreiten müssen, daß es ein Recht, ja sogar eine Pflicht des Einspruchs gegenüber der Verletzung der Billigkeit, der Liebe, des Rechts des einzelnen gerade auch dort geben kann, wo die rechtliche

Gültigkeit eines Aktes einer kirchlichen Instanz nicht bestritten werden kann« (*K. Rahner* a.a.O. 121 f).
Die dogmatische Konstitution über die Kirche merkt hierzu an: »... sie (die Bischöfe) sind authentische, das heißt mit der Autorität Christi ausgerüstete Lehrer. Sie verkündigen dem ihnen anvertrauten Volk die Botschaft zum Glauben und zur Anwendung auf das sittliche Leben und erklären sie im Licht des Heiligen Geistes. ... Die Bischöfe, die in Gemeinschaft mit dem römischen Bischof lehren, sind von allen als Zeugen der göttlichen und katholischen Wahrheit zu verehren. Die Gläubigen aber müssen mit einem im Namen Christi vorgetragenen Spruch ihres Bischofs in Glaubens- und Sittensachen übereinkommen und ihm mit religiös gegründetem Gehorsam anhangen. Dieser religiöse Gehorsam des Willens und Verstandes ist in besonderer Weise dem authentischen Lehramt des Bischofs von Rom, auch wenn er nicht kraft höchster Lehrautorität spricht, zu leisten« (*Lumen gentium* 25; in: *Rahner-Vorgrimler,* Kl. Konzilskompendium, S. 152 f.).
»Wie nach der Verfügung des Herrn der heilige Petrus und die übrigen Apostel ein einziges apostolisches Kollegium bilden, so sind in entsprechender Weise der Bischof von Rom, der Nachfolger Petri, und die Bischöfe, die Nachfolger der Apostel, untereinander verbunden. ... Das Kollegium oder die Körperschaft der Bischöfe hat aber nur Autorität, wenn das Kollegium verstanden wird in Gemeinschaft mit dem Bischof von Rom, dem Nachfolger Petri, als seinem Haupt, und unbeschadet dessen primatialer Gewalt über alle Hirten und Gläubigen. Der Bischof von Rom hat nämlich kraft seines Amtes als Stellvertreter Christi und Hirt der ganzen Kirche volle, höchste und universale Gewalt über die Kirche und kann sie immer frei ausüben. Die Ordnung der Bischöfe aber ... ist gemeinsam mit ihrem Haupt, dem Bischof von Rom, und niemals ohne dieses Haupt, gleichfalls Träger der höchsten und vollen Gewalt über die ganze Kirche. ... Die höchste Gewalt über die ganze Kirche, die dieses Kollegium besitzt, wird in feierlicher Weise im ökumenischen Konzil ausgeübt.« (*Lumen gentium* 22; *Rahner-Vorgrimler* a.a.O. S. 147–149).

Vgl. hierzu: *CIC* canones 747–755; *Lumen gentium* 20–21. 24 (Rahner-Vorgrimler a.a.O.: S. 145–147.151 f) *Dei Verbum* 10 (Rahner-Vorgrimler a.a.O. S. 372 f). – LThK 6, Sp. 884–891.
Franz Böckle, Humanae vitae als Prüfstein des wahren Glaubens? Zur kirchenpolitischen Dimension moraltheologischer Fragen, in: Stimmen der Zeit 208 (1990) 3–16.
Fidelis M. Gallati, Wenn die Päpste sprechen. Das ordentliche Lehramt des Apostolischen Stuhles und die Zustimmung zu dessen Entscheidungen. Wien 1960.

PETER HÜNERMANN, Der römische Bischof und der Weltepiskopat. Systematisch-theologische Überlegungen, in: Theologische Quartalsschrift Tübingen 169 (1989) 272–286.
WALTER KASPER, Die bleibende Herausforderung durch das II. Vatikanische Konzil. Zur Hermeneutik der Konzilsaussagen, in: Die Welt für morgen. Ethische Herausforderungen im Anspruch der Zukunft, hrsg. G. W. HUNOLD – W. KORFF, München 1986, 413–425.
Elmar Klinger, Die Unfehlbarkeit des ordentlichen Lehramtes, in: Zum Problem Unfehlbarkeit. Antworten auf die Anfrage von Hans Küng, hrsg. K. RAHNER. Freiburg 1971, 274–288 (= Quaestiones disputatae 54).
KARL RAHNER, Das kirchliche Lehramt in der heutigen Autoritätskrise, in: K. Rahner, Schriften zur Theologie. Bd. IX. Zürich–Köln 1970, S. 339–365.
KARL RAHNER, Über das ius divinum des Episkopats, in: Episkopat und Primat, hrsg. K. RAHNER – J. RATZINGER, Freiburg 1963, 60–125 (= Quaestiones disputatae 11).

Laie

Vgl. hierzu Kap. 8, Nr. 16 LAIE (Gläubige) in diesem Buch. Ferner: *Apostolicam actuositatem* 9f.17–19. 23–25 (RAHNER-VORGRIMLER, Kl. Konzilskompendium S. 400. 407–409. 412–414).
CIC canones 204–218. 221–224. 27 f (Codex des kanonischen Rechts S. 84–93). LThK 6, Sp. 733–742. Staatslexikon 3 (1987[7]) Sp. 809–814.

Die Abkürzungen

CIC	Codex iuris canonici. Codex des kanonischen Rechts. Hrsg. im Auftrag der Deutschen und der Berliner Bischofskonferenz (lat./dt.), 2. verbesserte Auflage, Kevelaer 1984 (zitiert: CIC can. ... §...).
DAS	Der Apostolische Stuhl 19 –. Ansprachen, Predigten und Botschaften des Papstes, Erklärungen der Kongregationen. Vollständige Dokumentation. Hrsg. Sekretariat der Deutschen Bischofskonferenz in Zusammenarbeit mit der Redaktion des deutschsprachigen L'Osservatore Romano. Città del Vaticano – Köln 19 (zitiert: DAS 19 ..., S. ...).
Der Vorsitzende	Der Vorsitzende der Deutschen Bischofskonferenz. Hrsg. Sekretariat der Deutschen Bischofskonferenz, Bonn (zitiert: Der Vorsitzende).
Die deutschen Bischöfe	Die deutschen Bischöfe. Hrsg. Sekretariat der Deutschen Bischofskonferenz, Bonn (zitiert: Die deutschen Bischöfe ...)
LThK	Lexikon für Theologie und Kirche. Hrsg. Josef Höfer – Karl Rahner, Freiburg 1957–1967, 2. neu bearb. Aufl.
Rahner-Vorgrimler, Kleines Konzilskompendium	Rahner, Karl – Herbert Vorgrimler, Kleines Konzilskompendium. Sämtliche Texte des Zweiten Vatikanums mit Einführungen und ausführlichem Sachregister, 20. Aufl., Freiburg 1987 (= Herder-Taschenbuch Band 270).
VAS	Verlautbarungen des Apostolischen Stuhls. Hrsg. Sekretariat der Deutschen Bischofskonferenz, Bonn (zitiert: VAS ...).

Stichwortregister

Textverzeichnis

(Quellen, die für das achte Kapitel herangezogen wurden)